Nancy Hoenisch/Elisabeth Niggemeyer

HALLO KINDER, SEID ERFINDER!

Abenteuer mit dem Alltäglichen
für 4- bis 9-Jährige und ihre erwachsenen Begleiter

HALLO KINDER, SEID ERFINDER!

Abenteuer mit dem Alltäglichen

für 4- bis 9-Jährige und ihre erwachsenen Begleiter

Beltz Verlag · Weinheim, Basel, Berlin

Ihre Wünsche, Kritiken und Fragen richten Sie bitte an:
Beltz Verlag, Fachverlag Soziale Arbeit, Erziehung und Pflege,
Pestalozzistr. 5-8, 13187 Berlin

ISBN 3-407-56094-X

1. Auflage 2002

03 04 05 06 07 5 4 3 2

Planung und Lektorat: Eva Grüber, Claudia von Zglinicki
Satz: Jens Klennert, Tania Miguez, Kiliansroda
Druck: Neumann Druck, Heidelberg
Umschlaggestaltung: Jens Klennert, Tania Miguez, Kiliansroda
Titelfotografie: Elisabeth Niggemeyer, Berlin
Printed in Germany

Weitere Informationen finden Sie im Internet unter http://www.beltz.de

Zu diesem Buch

Junge Kinder haben einen Sinn für das Wunderbare. Sie reden mit den Dingen ihrer Umgebung und stellen unzählige Fragen nach dem WAS? WIE? WARUM? Sie wollen Antworten, die sie verstehen, die Spaß machen und die sie im Spiel entdecken können. Dass Kinder mit Staunen und Neugier der alltäglichen Wirklichkeit begegnen, fragen, überlegen, raten, ausprobieren, vergleichen und zusammenarbeiten, ist die Absicht der »Abenteuer mit dem Alltäglichen«.

Die Autorinnen:
Nancy Hoenisch lehrt in Winchester, Virginia, USA, und ist in Deutschland bekannt geworden durch ihre Bücher »Vorschulkinder«, erschienen im Klett-Verlag, »Komm, liebe Spinne« und »Heute streicheln wir den Baum«, Otto Mayer Verlag Ravensburg.
Elisabeth Niggemeyer lebt in Berlin, dokumentiert mit ihren Fotos und Collagen pädagogische Projekte, gestaltet damit Bücher für Pädagogen und Erlebnisausstellungen für Kinder und ihre erwachsenen Begleiter.

Dank an Mireille Hibon für die Erlebnisse mit Luft, Magneten und Sonnenuhren und an alle Kinder, die bei uns mitgemacht haben, ebenso an das FEZ, das Freizeit- und Erholungszentrum in Berlin-Köpenick.

WAS ist WO?

ZU BEGINN

Als »Apollo 7« zum Mond geschickt wurde, passierte in der Kapsel eine für die Astronauten lebensbedrohliche Panne: Das Luftfiltersystem brach zusammen. In 15 Minuten mussten sie das Problem meistern. Die Erdstation »erfand« die Lösung: Aus dem Umschlag des Flugplans, zwei Kanistern, einer Rolle Klebeband, zwei Abfallsäkken, den Gummibändern ihrer Anzüge und zwei Socken sollten die Astronauten einen Ersatzfilter bauen. Es klappte! Was für ein Geniestreich und welch fabelhaftes Zusammenwirken von Wissenschaftlerteam und Besatzung. Welchen »richtigen Stoff«, welche Eigenschaften und Fähigkeiten besaßen diese Menschen? Wie können wir unsere Kinder dahin führen, dass sie Probleme mit schöpferischen Ideen und großer Beweglichkeit angehen und die schnellste und einfachste Lösung finden?

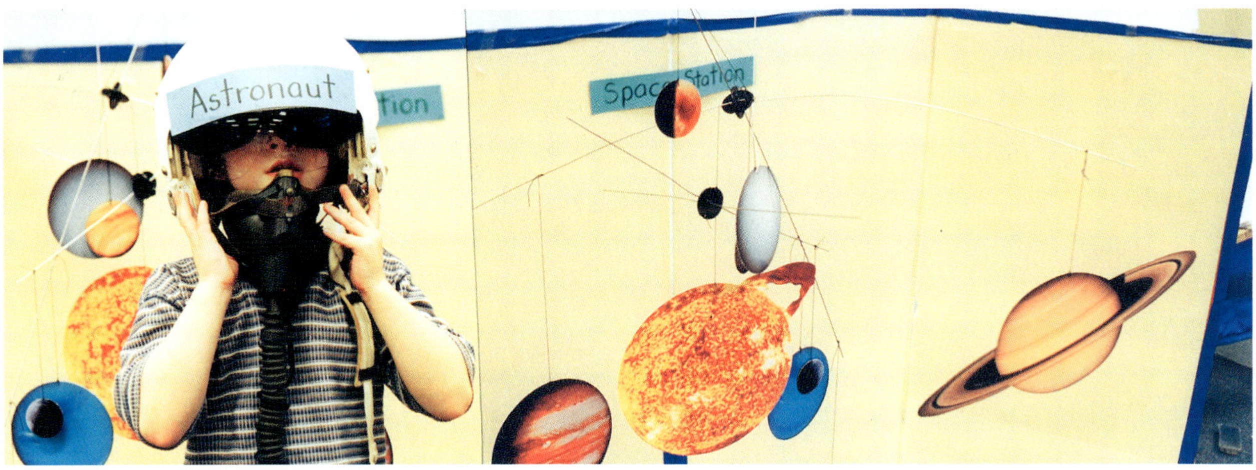

In Kindergärten und Schulen gibt es meist gute Möglichkeiten, Erfahrungen mit Pflanzen, Tieren, Lupen und sogar Mikroskopen zu machen. Aber oft fehlt die Gelegenheit, mit Dingen unserer physikalischen Wirklichkeit zu experimentieren, mit Wasser, Luft, Wärme oder einfachen Maschinen, die man auseinander nehmen oder zusammenbauen kann. Kräfte von Stabilität und Bewegung zu beobachten macht nicht nur Spaß, es kommt dem angeborenen Interesse der Kinder für Technik entgegen. Das Spiel mit einfachen Konstruktionen gibt ihnen in diesem frühen Alter die Grundlage für spätere logische Erklärungen von physikalischen Zusammenhängen.

In einer Gesellschaft, die so stark von Wissenschaft und Technik geprägt ist wie unsere, brauchen Kinder fantasievolle Lehrer und Eltern, die sie auf einen Weg bringen, der dem eines Erfinders und Entdeckers gleicht. Zu Hause, in Schulen und Kindergärten, aber auch in Museen sollte es Möglichkeiten zu eigenem Tun geben, die Kinder anregen, ihre Zukunft selbst zu erfinden. Dabei ist der Austausch von Erlebnissen und Entdeckungen wichtig, er macht die Sprache lebendig und vielschichtig. Die Vorstellungskraft, die Fantasie und der Wille zu gestalten wachsen. Das Staunen vor den Wundern der Wirklichkeit beflügelt die Neugier, das Selbstvertrauen entwickelt sich, der eigene Platz in der Welt wird deutlich. Das Kind ist auf dem Weg in die Gemeinschaft und übernimmt entsprechend seiner Entwicklung schon Verantwortung.

Die frühe Begegnung mit den Naturwissenschaften hilft den Kindern, ihr Denken zu erweitern, auszudehnen, zu »strecken«. Wir wollen ihnen nicht die genauen Mechanismen unserer Umgebung erklären, wir möchten sie nur möglichst vielen Eindrücken von natürlichen Phänomenen aussetzen. Wenn Kinder ihre eigenen Entdeckungen machen, sind die Naturwissenschaften aufregend und spannend.

Der Alltag eines 5-, 6-, 7- oder 8-jährigen Kindes ist reich an interessanten Dingen, die zum Entdecken einladen. Materialien, Objekte und Organismen sind Herausforderungen, die das Denken üben und die helfen, diese Welt zu begreifen. Ich stelle mir das Konzept dieses Funktionierens der Welt gern als Hologramm, als dreidimensionales, mehrschichtiges Bild im Gehirn eines Kindes vor. Durch Erfahrungen mit den Dingen der Wirklichkeit entstehen Bilder von ganzen Konzepten. Nur durch Ausprobieren, Forschen, Fragen und Antwortensuchen kann daraus ein dreidimensionales Bild entstehen. Wir stellen also eindimensionale, einschichtige Schritte zur Verfügung, um die mehrdimensionale, mehrschichtige Abbildung des Konzepts von der Welt zu vervollständigen, das das Kind womöglich erst Jahre später als solches verstehen wird.

Für Erwachsene gilt:
Höre den Kindern zu, stelle Fragen, notiere ihre Kommentare und ihre Handlungen. Rege das Denken der Kinder mit Fragen an. Sie erleben dabei eine schöpferische Zusammenarbeit, die sonst vielleicht nie entstanden wäre. Das Beantworten ihrer Fragen, der Austausch ihrer Ideen, das Besprechen ihrer gemalten Entdeckungen sind wichtig. Wenn wir die Kinder bitten, das Gemalte noch einmal anzuschauen und zu erklären, bekommen sie vielleicht Lust, ein neues Bild zu malen und dabei ihre Entdeckungen, wenn nötig, zu verbessern oder zu ergänzen.

Nancy Hoenisch

Auf die Frage, ob Kinder schon Erfinder sein können, antworten die Kinder meist begeistert mit Jaaaa! Lehrer, Erzieher und Eltern sind dagegen oft skeptisch. Ich bin es nicht! Wenn meine Enkelin Marie (zweieinhalb Jahre alt) versucht, alleine ihren Schuh anzuziehen, links herum, rechts herum, von oben und unten, wenn sie ihn dann wütend durch die Gegend schmeißt, um es am nächsten Tag wieder zu versuchen, und dann, oh Wunder, es juchzend vor Glück schafft, ist klar: Marie ist eine Erfinderin! Wenn der siebenjährige Jakob und die fünfjährige Sophie immer wieder ausprobieren, ob die Geburtstagskerze unter Wasser brennt und wie lange es dauert, bis sie verlöscht, dann sind auch sie glückliche Erfinder, weil sie:

staunen,
neugierig sind,
WARUM fragen,
beobachten, raten,
ausprobieren und gerne
WAS zusammen unternehmen.

Erwachsene, die anfangs skeptisch sind, werden bald überrascht vom intensiven Handeln und lebendigen Denken der Kinder. Die Reggio-Emilia-Pädagogik sagt, dass »die Menschen mit dem größten Forschungstalent und spielerischen Erfindungsgeist die unter 6-Jährigen« sind.

In den beschriebenen Aktionen finden und erfinden die Kinder. Lehrer, Erzieher und Eltern können sie durch behutsames Fragen ermutigen, immer weiter nachzudenken. Auf die vielen WARUM-Fragen gibt es DARUM-Antworten. Damit es spannender ist, sind sie in Spiegelschrift zu lesen oder vorzulesen.

Wichtig ist, dass es bei dieser Arbeit keine Misserfolge gibt, nichts »Falsches«. Jeder Schritt, der im Kopf des Kindes gemacht wird, ist ein Weg nach vorn, ins Verstehen der Zusammenhänge.

Elisabeth Niggemeyer

Zu den Themen des Buches gibt es 6 verschiedene Ausstellungen. Prospekte und Auskünfte bei Elisabeth Pfefferkorn-Niggemeyer, Uhlandstr. 46, 10719 Berlin, Tel. 030/881 77 44 oder beim Freizeit- und Erholungzentrum Berlin-Wuhlheide, Tel. 030/537 04 200.

WAS MACHT EIN ERFINDER WIE?

Wir brauchen:

- Kissen oder Matten für den Boden
- ein plastisches Abbild oder eine Karte des Gehirns
- ein Puzzle vom Kopf

Schon als kleine Kinder seid ihr alle Erfinder gewesen: Als ihr angefangen habt, zu reden, als ihr zum ersten Mal euren Schuh alleine anziehen konntet oder herausgefunden habt, wie man Bauklötze am besten übereinander stellt, damit sie nicht umkippen. An jedem Tag habt ihr Erfindungen gemacht, weil ihr etwas alleine machen wolltet. Ihr habt gefühlt, beobachtet, ausprobiert – mit Händen, Ohren und Augen, wie ein Erfinder es tut.

Macht den Kopf groß, wie die Kinder hier auf dem Foto. Wenn ihr euren Kopf dehnt und »streckt«, wird er ganz weit und die Gedanken können besser fließen und finden Antworten und Lösungen.

WARUM

sieht der Kopf innen anders aus?

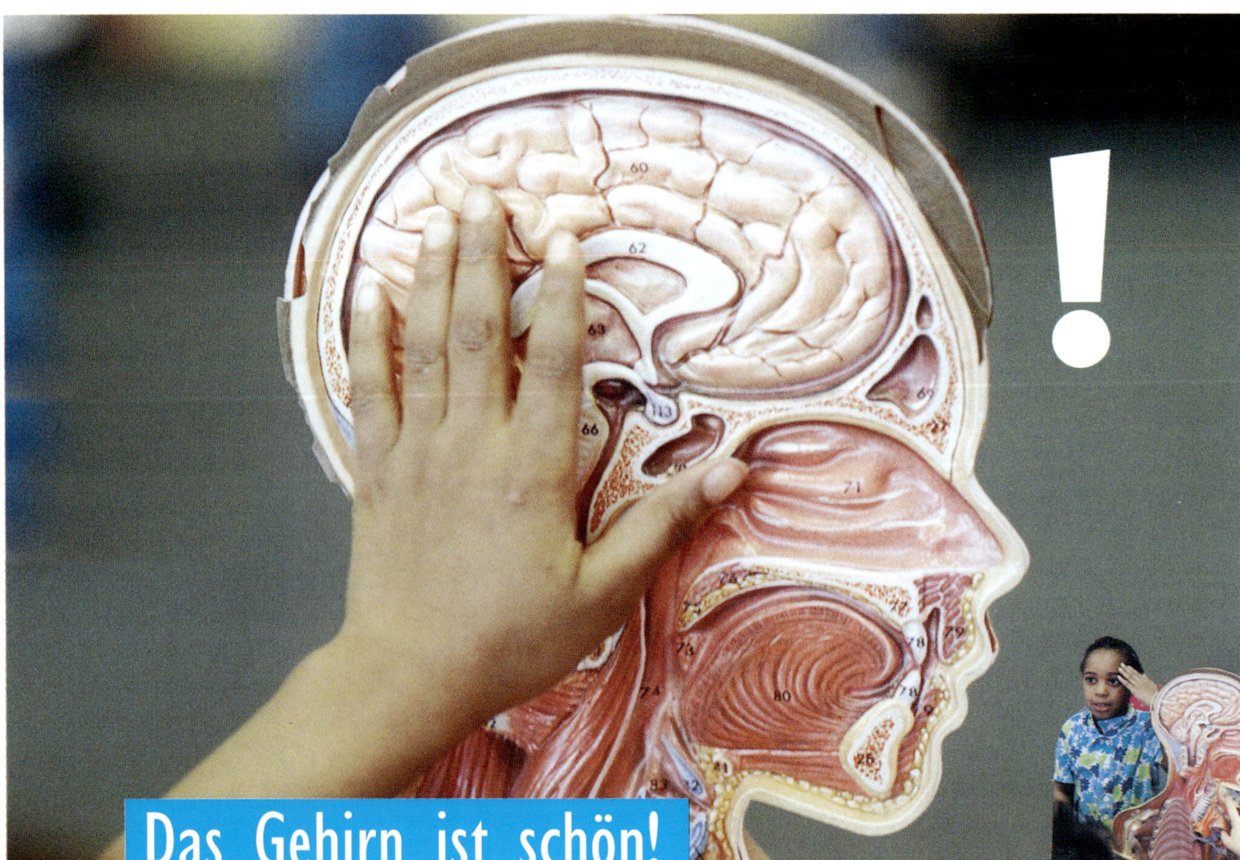

Das Gehirn ist schön!

Innen sieht der Kopf ganz anders aus!

Euer Gehirn hat viele helle Ecken, es ist schön mit seinen verschlungenen Wegen. Das Puzzle zeigt, was es da alles im Kopf gibt für das Denken, Erinnern, Sehen, Fühlen, Sprechen, Hören, Riechen, Bewegen und Balancieren. Lasst uns mal die Augen zumachen und in unserem Kopf spazieren gehen! Mit geschlossenen Augen kann man noch besser denken. Erfinder brauchen Geduld. Wenn sie WAS gefunden haben, freuen sie sich sehr. So wird es auch euch gehen.

Bei euren Erkundungen könnt ihr die Antworten oft vermuten oder raten und dann durch Vergleichen, Messen oder Zusammenbauen herauskriegen, ob ihr richtig gedacht habt. Fragt und testet, so viel ihr könnt.

Ein Erfinder gibt nicht auf!

CHRISTMA

LUFT UND SCHALL

Kannst du die Luft sehen?

Wir brauchen:

- Tinte, um das Wasser hellblau zu färben
- mehrere Plastikbecher
- Teelicht oder Kerze auf Korkscheibe
- Weckglas
- Streichhölzer
- einfache Weihnachtspyramide
- leere Plastikflasche
- mehrere runde Luftballons
- 2 ovale Luftballons
- Schnur
- Briefklammern
- 4 Gardinenringe
- Klebeband

Eindeutiges NEIN. Doch, einer hat sie gesehen, als sie aus dem Schornstein kam. Alle einigen sich, dass Schmutz in der Luft war und man den natürlich sehen kann.

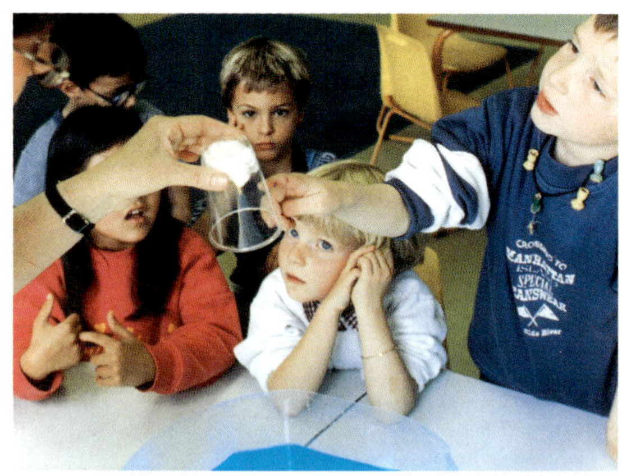

Jetzt wird ein durchsichtiger Plastikbecher hochgehalten. Ist etwas darin? Ein paar Kinder fassen hinein. Klar: Der Becher ist LEER. Ein Papiertaschentuch wird hineingedrückt. Die Kinder sehen genau hin. Er wird langsam kopfüber und gerade ins Wasser getaucht. Wenn wir ihn jetzt wieder herausholen, WIE fühlt sich das Taschentuch dann an? Ist es TROCKEN oder NASS? Alle entscheiden sich für NASS. Der Becher wird aus dem Wasser geholt und herumgereicht. Ist das komisch – es ist TROKKEN! Der Becher war aber doch ganz unter Wasser. WARUM ist das Tuch trocken geblieben? Du hast gezaubert!

Nein, kein Zauber, aber WAS dann? Da muss doch etwas im Becher gewesen sein, das das Wasser nicht hinein ließ! Etwas, das man nicht sehen kann. WAS kann man nicht sehen? WAS ist unsichtbar? LUFT! LUFT!
Luft kann man nicht sehen, aber sie ist überall und wir können viel mit ihr erleben.

WARUM brennt eine kleine Kerze, die auf dem Wasser schwimmt, noch eine Weile weiter, wenn wir sie mit einem Weckglas unter Wasser tauchen? Ja, sie brennt – bis sie langsam erlischt. WARUM tut sie das? Ratet, denkt nach und malt, was ihr erlebt habt.

Es geht Mireille Hibon, die mit den Kindern das Luftabenteuer spielt, nicht nur um das Beobachten und Experimentieren, sondern auch um Dinge, die sich nebenbei entwickeln: logisches Denken, weil die Kinder Gründe suchen, Begründungen geben, Vermutungen anstellen, Beweise bringen. Eine Qualität des Zuhörens, der Aufmerksamkeit entsteht, nicht nur der Sache, sondern auch anderen Menschen gegenüber. Geduld wird geübt, ebenso Ausdauer, Geschicklichkeit, Sorgfalt und das Beachten von Anordnungen. Das Malen, Zeichnen und Gestalten bekommen andere Dimensionen. Und über allem steht die Fantasie

WAS macht die warme Luft?

Wir zünden die erste Kerze einer Weihnachtspyramide an: Das Windrad bewegt sich nur ein bisschen. Als die zweite angezündet wird, bewegt es sich schneller, dann mit der dritten und vierten immer schneller. WAS treibt das Rad an? Ist es der Wind? WOHER kommt er? Wir fühlen, dass warme Luft von den Kerzen aufsteigt und dass die Luft unterhalb der Flammen kalt ist. WAS macht die Luft, wenn sie erwärmt wird?

Wir spielen Luftteilchen, die zuerst ganz eng zusammen stehen, dann erwärmt werden und auseinander springen, nach oben!

Hero

So machen es auch die Luftteilchen in unserer Plastikflasche. Vom heißen Wasser im Topf erwärmt, springen sie nach oben und blasen den schlappen Luftballon auf, der auf dem Flaschenhals sitzt.

Wenn die Flasche mit dem dicken Ballon kurz im Eisschrank gekühlt wird, – WIE sieht dann unser Ballon aus??

WOHIN fliegt mein Luftballon

Wir pusten viele bunte Ballons auf, ohne sie zu verschließen, dann beobachtet jeder, WOHIN sein Ballon fliegt, wenn er ihn loslässt und WOHIN die Luft geht. Das muss man gut beobachten, dann wird klar, daß der Ballon immer in die entgegengesetzte Richtung der entweichenden Luft fliegt. Wir sehen ein Bild von Flugmaschinen, die nach diesem Prinzip arbeiten.

Das Luftballonwettrennen

Verschließt zwei längliche Ballons mit Klammern und hängt sie an Gardinenringen an zwei Schnüren auf. Auf Kommando öffnet beide Klammern gleichzeitig. Vorher könnt ihr Wetten abschließen, welcher Ballon als erster ankommen wird.

HÖRT MAL!

Wir brauchen:

- eine kleine und eine größere Trommel
- einfache Musikinstrumente, Blockflöte
- Holzlineal
- festes buntes Bastelpapier
- kleines Holzhämmerchen
- Trichter aller Art, Gießkanne
- Steinchen, Schüssel mit Wasser
- Lebensmittelfarben, Milch
- 2 Seile, ca. 3 m lang
- Alufolie

Wir können die Welt um uns herum mit unserem Tastsinn fühlen, mit unserem Geschmackssinn schmekken, mit unseren Augen betrachten, um zu sehen, welche Eigenschaften sie hat. Jetzt lasst uns horchen, WIE die Welt klingt, wir wollen mit unserem Hörsinn arbeiten.

WIE hören wir? WAS macht ein Geräusch? WAS ist ein Ton?

Versucht zuerst, ein ganz lautes Geräusch zu machen und gleich danach ein kleines, leises und legt dabei die Finger an euren Hals! WAS spürt ihr? WANN zittern und schwingen unsere Stimmbänder stärker, bei leisen oder bei lauten Tönen?

WAS brauchen wir, damit ein Geräusch entsteht? Schlag fest auf die Trommel und beobachte, wie eine dünne Plastikfolie dahinter flattert. Hat deine Hand sie bewegt? Ist sie von der Trommel bewegt worden? WAS hat sie bewegt? Etwas, das man nicht sehen kann. Ja, die Luft war es! Die Luft hat deine Kraft, mit der du die Trommel geschlagen hast, bis zur Plastikfolie geschickt.

Ruft: Ma-ma, Ma-ma! Bewegt euch dazu, streckt euch hoch und beugt euch hinunter. Beobachtet Stimmen, das Rascheln von Blättern, das Tamburin, die Trommel, wenn ihr sie schlagt, Gläser und Holzscheite, wenn sie bewegt werden: WAS tönt tief, WAS tönt hoch?

Ma...ma...
Ma...ma...

Kann man einen Ton spüren?

Wenn du dein Ohr auf die Tischplatte legst und ein anderer ein Lineal bewegt, das zur Hälfte auf der Tischplatte aufliegt, kannst du den Ton, der durch diese Bewegung entsteht, spüren! Mit einem Papprohr hörst du das leise Ticken einer Uhr laut, ebenso das Klopfen des Herzens beim anderen oder das Knurren in seinem Bauch.

WIE kommen die Geräusche in Dein Ohr hinein und WAS passiert, wenn sie dann im Ohr sind?

Wir bauen ein Ohr!

Baut einen Trichter aus Papier. Das ist das erste Stück des Ohrs. Mit einem Trichter kann man Stimmen stärker, lauter machen. Versucht es! Ein Trichter weitet eure Stimmen, sie werden lauter. Ihr könnt den Trichter auch umdrehen, alle Geräusche sammeln und auf einen kleinen Punkt richten, so dass sie in eure Ohren hineingeleitet werden. Versucht es auch mit Gießkannen oder Lampenschirmen aus Metall. Vorsicht, nicht zu laut! Eure Ohren sind sehr empfindlich.

Und jetzt denkt nach: WARUM haben kleine Tiere so große Ohren? Baut das Ohr, aber vorher macht den Ohrenspaziergang.

Ein Ohrenspaziergang

Wir setzen uns im Kreis auf den Boden und schließen die Augen. Stellt euch vor, ihr macht euch so klein, dass ihr in euer Ohr hinein kriechen könnt. Zuerst trefft ihr auf ein dünnes, ganz empfindliches Häutchen, es ist gespannt WIE das Fell auf unserer Trommel. Es heißt Trommelfell. Wenn ein Geräusch auf diese winzige Trommel trifft, wirkt das WIE meine Hand, wenn sie auf die Trommel schlägt. Nur ist das Häutchen so zart und fein, dass es laute und starke Schläge schlecht aushält. Schreit nie jemandem ins Ohr, das zarte Häutchen kann reißen!

Auf der anderen Seite des Trommelfells gibt es einen winzigen Hammer, der vom Aufprall eines Lauts zum Schwingen gebracht wird. Natürlich ist das kein richtiger Hammer. Es sind drei kleine Knöchelchen, die WIE ein Hammer arbeiten. Jetzt kommen wir in einen dunklen Gang, der mit Flüssigkeit gefüllt ist. Sie hilft uns, das Gleichgewicht zu halten. Winzig kleine Haare in der Flüssigkeit nehmen die Bewegung des »Hammers« auf und schwingen im Takt. Diesen Takt übernehmen dann feine Nervenstränge, die in unser Gehirn führen. Nun hören wir den Ton.

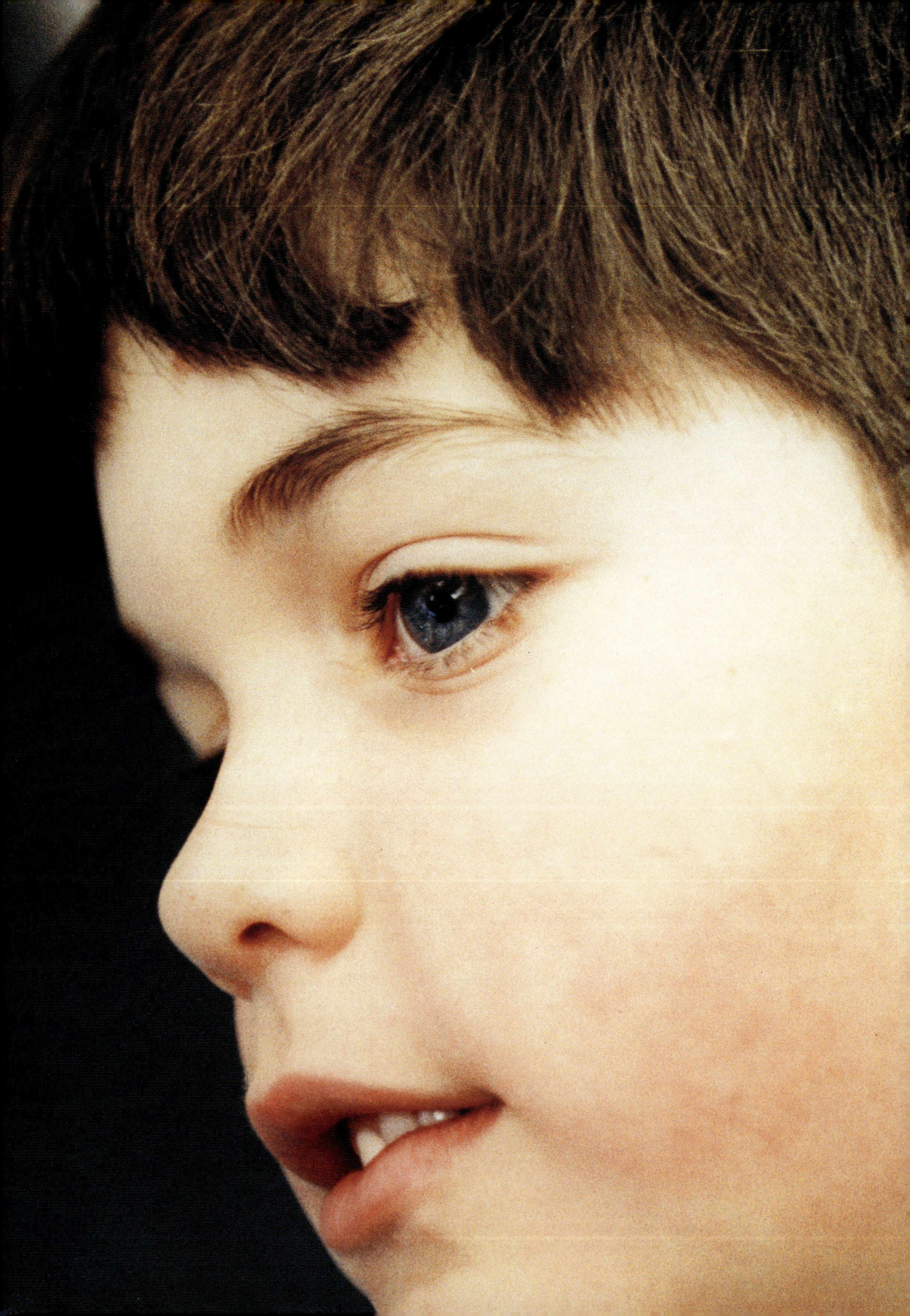

Ist ein Ton eine Welle?

Wir werfen einen kleinen Stein in eine mit Wasser gefüllte Schüssel und beobachten. Wir können das Wasser mit Milch weiß färben, dann ein paar Tropfen Lebensmittelfarbe hineingeben und noch besser sehen, WIE die Wellen laufen.

Jetzt sitzen wir einander gegenüber. Zwischen uns liegen zwei Seile. Wir bewegen sie WIE eine Welle. Zuerst schlagen wir langsame, dann immer schnellere Wellen. Sind das hohe oder niedrige Töne? Jetzt sagen die Kinder auf der einen Seite »Ma-« und auf der anderen Seite »-ma«, einmal hoch und einmal tief. WIE sehen die Wellen dazu aus?

Wenn wir es alle im Takt schaffen, passen die Wellen gut zueinander, wenn wir aber durcheinander rufen, wippen die Seile wild und es klingt nicht gut. Der Klang ist unharmonisch. Wenn die Wellen gut zueinander passen, sind der Lauf der Seile und der Klang so harmonisch WIE eine schöne Melodie. Probiert es!

Schallwellen bewegen die Luft. Ein Geräusch entsteht nur, wenn etwas bewegt wird, das schwingen kann. Ein Schrei bewegt die Luft mehr als ein Flüstern. Kann man ohne Luft hören?

Wenn wir die Luft sehen könnten, wäre sie eine riesige, schwebende »Suppe« aus Gasteilchen. Tiefe Klänge würden darin leichte Wellen entstehen lassen, die sich weit voneinander fortbewegen. Bei den hohen Klängen würden sich die Wellen ganz nahe aneinander bewegen.

Klingt eine straff gespannte Trommel höher oder tiefer als eine locker gespannte? Versucht es einmal! Wenn ihr verschieden lange Schnüre über eine Kiste spannt und daran zupft, WAS hört ihr? Verändert jetzt die Spannung der Schnüre! WIE verändern sich dabei eure Töne?

Kann Schall auch eine Kugel sein?

Den Schall könnt ihr euch auch als Kugel vorstellen, die sich ringsherum ausbreitet. Ihr könnt das feststellen, wenn ihr einen Kreis bildet und jeder von euch ein Musikinstrument hält. Einer steht mit verbundenen Augen in der Mitte. Jetzt schlägt ein Kind sein Instrument an. Wer im Kreis steht, muss raten, aus WELCHER Richtung der Klang gekommen ist. Das ist ganz schön schwer!

Denkt einmal nach oder ratet, WER die größere Luftkugel schafft, die Geige oder die Trompete?

Warum macht meine Luft Musik?

Unsere Blockflöte macht Musik, weil in ihrem Rohr die Luft schwingt. WIE kann man die Länge der schwingenden Luftsäule verändern? Probiert es aus.

Mach dein Musikinstrument!

Noch etwas zum Nachdenken: WARUM ist eine Geige mit einem Frosch verwandt? Hier könnt ihr es in Spiegelschrift lesen, aber ihr kommt bestimmt selbst auf die Antwort.

Beide machen mit dem Bauch Musik.

BAUVERGNÜGEN

Aus WELCHEM Stoff ist das?

Wir brauchen:

- Ball aus Gummi, Ball aus Stoff
- Schwamm, Wärmflasche
- rosafarbenen Plastikstoff, blauen Wollstoff
- Glaskugeln, Metallkugeln
- Luffahandschuh, Drahtbürste
- 5 gleich große Würfel, 15 cm Kantenlänge, aus Beton, Papier, Holz, Watte und Metall

Ein großer Tisch mit bunten Dingen aus den unterschiedlichsten Materialien sieht spannend und lustig aus und lädt zum Erkunden ein.

Wir finden heraus: Die Dinge um uns herum sind aus unterschiedlichem Material gemacht. WARUM?

DARUM: Jedes Ding hat seine Aufgabe, seinen Zweck. Welche Arbeit muss zum Beispiel eine Pfanne tun? WAS muss ihr Material können, WAS muss es aushalten? WOZU braucht man Glas, Holz, Metall, Stein, Sand, Plastik, Kleiderstoff? Es wird gefühlt, gerochen, geschmeckt. Der Stoff, den du jetzt in der Hand hast, ist er weich oder hart, fest oder flüssig, schwer oder leicht, kalt oder warm? Lässt er sich biegen, krümmen, verformen? Kannst du ihn zusammendrücken? Tauche ihn ins Wasser: Kann er es aufsaugen oder stößt er es ab? Kannst du dein Material zerreißen oder zerstören, wenn du etwas Schweres darauf wirfst? Könntest du etwas daraus bauen? Kann man deinen Stoff mit anderen Stoffen mischen? WER hat Material in der Hand, das in der Natur gewachsen ist? WER hat eines, das in der Fabrik hergestellt wurde? Schließt die Augen, riecht und schmeckt eure Materialien. Und jetzt legt alles zurück auf den Tisch und nehmt mit geschlossenen Augen etwas Neues. Erratet, WAS es ist.

WARUM ist Metall wohl so fest? Stell dir seine kleinsten Teilchen vor: Halten sie eng zusammen oder stehen sie weit auseinander?
Wir spielen Metall: Alle halten sich ganz fest aneinander. Wir spielen Knete: Wie in einer langen, lockeren Kette halten alle Teilchen zusammen. Und jetzt Limonade: Die Teilchen stehen viel weiter auseinander. Jetzt spielen wir Luft: Wisst ihr noch, WIE die Teilchen der warmen Luft wild herumgesprungen sind?
Wenn ihr die Stoffe gründlich erforscht habt, könnt ihr euch denken, WELCHE Stoffe wir zum Bauen brauchen. Kann man aus LUFT ein Haus bauen?
Spannend ist es, wenn man die Augen schließt und Materialien mit den Füßen errät.

Der Fühlpfad

Wir brauchen:

- Plastikschüsseln, die mit unterschiedlichem Material gefüllt sind: Holzspäne, Holzwolle, Schafwolle, Watte, Sand, Kiesel, Kastanien und Tannenzapfen oder Eicheln.
- Zum Schluss eine Überraschung: Wasser

Schließt die Augen und ratet, welches Material unter euren Füßen zu spüren ist!

AUS WAS IST DAS?

Auseinander –

Alle bringen von zu Hause mit, WAS ihnen interessant erscheint. Manches schenken uns Uhrmacher, Installateure und die Müllabfuhr, einiges kaufen wir auch beim Trödler.

Jede Woche werden die Gegenstände gewechselt: Mal ein Magnet, ein Prisma, ein Vergrößerungsglas, eine Batterie, Draht und Klingel, Lampe, Flasche und Kompass; ein andermal Uhren und Getriebe, Hähne, Pfeifen und Schlüssel in ihren Schlössern. Oder Sprungfedern und Spulen, die sich aufwinden lassen und zurückspringen.

Die Naturwissenschaften beginnen mit einer Phase wilden Experimentierens. Wer an den Tisch geht

— Zusammen

und sich ein altes Telefon oder eine Taschenlampe vornimmt, muss sie, um ihre Mechanismen kennenzulernen, auseinandernehmen, muss Drähte kappen, Birnen herausschrauben und Zeiger verbiegen. Erst wenn alles, was Elektrizität weiterleitet oder Getriebe in Bewegung bringt, zu einem Berg nicht zusammengehöriger Teile gemischt ist, kann das Zusammensetzspiel beginnen – und mit ihm das Verständnis dafür, WANN etwas WIE oder WIE NICHT funktioniert.

Eine Maschine bauen zu können, die geht, bedeutet, viele Maschinen gebaut zu haben, die nicht gingen.

In unserer Ausstellung wird an zwei großen Tischen alles auseinander genommen: Radios, Recorder, Bügeleisen, Staubsauger und vieles mehr. Nichts wird weggeworfen, Teile werden begutachtet, die Kinder finden die Aufgabe der Teile heraus und sortieren sie ein.

Mit welchem Werkzeug kann ich meinen Gegenstand am besten auseinander nehmen? Fragt, probiert und seid dabei vorsichtig! Lasst euch helfen! Malt auf, WAS ihr zum Beispiel in einem Wecker gefunden habt und an WELCHER Stelle.

Am zweiten Tisch kann man aus den Teilen etwas Neues bauen, etwas ganz Verrücktes oder Einfaches oder Schwieriges. Vielleicht erfindet ihr etwas, das es noch gar nicht gibt? Oder ihr baut etwas, das euch gefällt, auch wenn es keinen Zweck hat.

Vorsicht!

Ventilatoren
Wecker
schellen
Cappuccino
Sanella

Eine Brücke bauen

Wir brauchen:

- Seile, Holzstücke,Papprollen, Pappkartons
- ein paar rohe Eier
- Klötze, 10 gleich große Bücher
- Wellpappe, Zeitungspapier, Zahnstocher
- evtl. eine präparierte Spinne
- Klebematerial, Zeichenpapier, Glimmer

Wenn diese zwei Stühle Flussufer sind, WIE kommt man über den Fluss, ohne nass zu werden? Früher, als es noch keine Brücken gab, musste man sich da schon etwas einfallen lassen. Einfach ein riesiges Stück Holz zwischen die Ufer legen? Geht das? Vielleicht könnte man ein Seil zwischen den Flussufern spannen, um sich daran auf die andere Seite zu hangeln, oder eine schwimmende Brücke bauen?

WIE würden wir sie bauen, damit sie auch bei Hochwasser hält?

Zeichnet und baut eure Brücken!

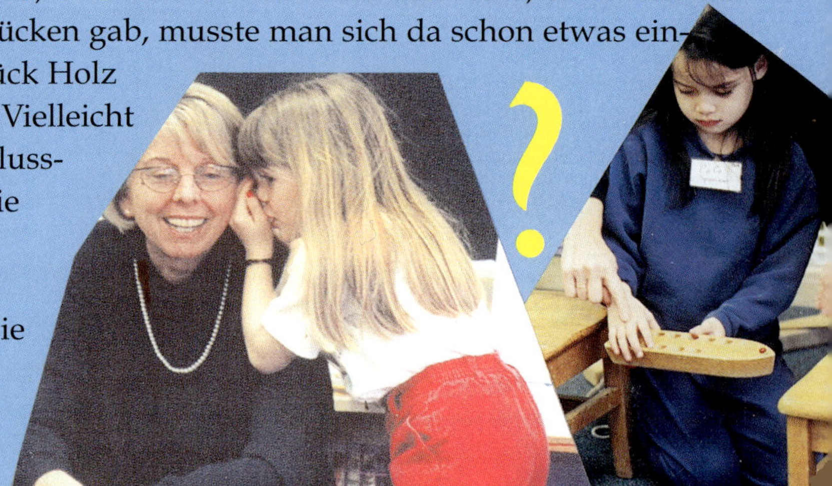

Hält eine Brücke aus Eierschalen?

WARUM brauchen eine Brücke, ein Haus, ein Turm und eine Kirche ein Fundament und festes Baumaterial (wie die Balken im Fachwerkhaus)? Diese Bauwerke müssen halten. Manche stehen schon mehrere Hundert Jahre ohne zusammenzufallen. Sie müssen stabil sein, so gebaut, dass sie dem Sturm und dem Wetter standhalten.
Kannst du dir vorstellen, dass eine Eierschale stabil ist, dass sie tragen kann, obwohl sie aus einem sehr dünnen und zerbrechlichen Material ist?

Wir brechen ein Ei vorsichtig in der Mitte auf und leeren es, glätten die Kanten mit Nagelschere und Feile und legen es mit der offenen Seite nach unten auf den Teppich – es muss schön gerade liegen. Daneben bauen wir den zweiten Brückenpfeiler aus Holzstückchen oder Büchern, in Höhe der Eierschale. Nun legen wir auf unsere beiden Stützen vorsichtig ein Buch. Es hält! Wir legen noch eins und noch eins darauf. WIE VIELE Bücher kann unser Bauwerk tragen? Schließt Wetten ab!

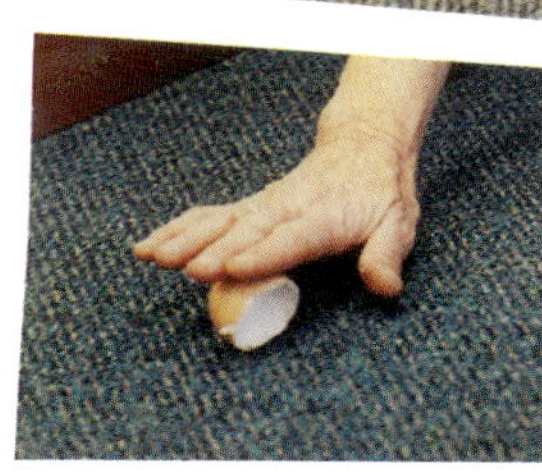

Wenn wir aber die halbe Eierschale auf die Seite legen, und zwar so, dass die offene Seite zu sehen ist, zerbricht sie bei der kleinsten Belastung. WARUM? Nur durch die Rundung kann die Schale eine Last tragen und dem Gewicht widerstehen!
Die Ingenieure und Baumeister wissen das und nutzen Rundungen, um große Bauten zu konstruieren. Denkt mal nach, kennt ihr solch einen Bau?

Kirche, Schloss, Planetarium

The American Heritage
The American Heritage
The American Heritage
The American Heritage
PICTURE DICTIONARY

DICTIONARY
The American Heritage
PICTURE
NIKE
...6...7...8...9...10 !!!

Head,

Kann man aus zwei dicken Papierstreifen, die man unterstützt, eine Brücke bauen? Die Kinder probieren es lange. Immer wieder bricht die Brücke unter der Last des Spielzeugautos zusammen. Dann hat Jenny die Idee, einen der beiden Streifen so zu rollen, dass er WIE eine Eierschale unter dem anderen steht. Die Brücke hält. Bravo!

Jenny's Vater kommt zum Elternabend – er schafft es nicht, diese Brücke zu erfinden.

Bauen WIE ein ARCHITEKT mit Grundriss und Modell WIE geht das?

Ein Haus aus Zeitungen

Lege ein Streichholz in eine Ecke einer Zeitungsseite und rolle das Blatt sehr fest auf, um das Hölzchen herum. Das Papierende klebst du fest, du bekommst so eine Gerüststange. Willst du sie verlängern, klebe zwei von diesen Rollen aneinander. Daraus können wir ein Haus bauen. Wir brauchen viel Zeit dazu!

Bauen wie eine Spinne

WARUM baut eine Spinne ein stabiles Netz?

DARUM: Sie baut in Dreiecken!

Mitch baut eine Brücke, aber ohne Dreiecke. Die Brücke bricht zusammen, als er sich darauf stellt. Er baut Dreiecke an den Enden ein. Die Brücke hält!

Kannst du die Dreiecke im Spinnennetz erkennen? Mach mit Glimmerfarbe ein Spinnennetz!

WARUM
BEOBACHTEN?
Darum!

WARUM bewegt sich WAS?

Wir brauchen:
- dickes Seil, Kiste, Holz oder Steine
- Bücher (für alle Kinder gleich schwer)

Ein Flugzeug fliegt hoch über uns, ein Auto rollt auf der Straße. Wir stoßen einen Stuhl an, er bewegt sich. Wir tragen Bücher. Hat sich das alles von allein bewegt? Man muss etwas schieben, tragen oder daran ziehen, um es von der Stelle zu bekommen. WAS braucht man dazu? Ja, Kraft muss man haben und sie anwenden. Die Kraft bestimmt auch die Richtung der Bewegung. Beim Tauziehen wirken die Kräfte auf beiden Seiten. Der Stärkere zieht den nicht so Starken zu sich, denn er hat mehr Kraft. Streckt einmal alle euren rechten Arm aus und haltet ein Buch in die Luft. Alle Bücher sind gleich schwer. WER kann sie am längsten halten und WARUM?

WARUM bewegt sich die Kiste jetzt schneller?

Weil die Räder sich weniger am Teppich reiben.

WARUM sind Nussknacker, Schere, Zange und Hebel verwandt?

Wir brauchen:
- Zange
- Nussknacker
- Schere
- Kiste
- Besenstiel
- Klötzer
- Bretter
- unsere Klassentür

Manche Maschinen sind so einfach, dass wir sie gar nicht Maschinen nennen. Sogar ein Bleianspitzer ist eine Maschine, er benutzt die Drehkraft, um Holz zu schneiden.

Versucht mal, aus einem Brett und einem Holzklotz eine Wippe zu bauen. Nehmt den Klotz als Stützpunkt und probiert, ob und WIE ihr auf eurem Brett wippen könnt.

WARUM und WIE kann ein Kleiner einen Großen heben? DARUM:

Er sitzt weiter vom Drehpunkt entfernt. !

Wenn ihr herausbekommt, WIE weit ein Kleiner vom Drehpunkt entfernt sitzen muss, um einen Großen zu heben, habt ihr einen Hebel erfunden. Der Holzklotz ist sein Drehpunkt.

Und jetzt untersucht, WIE ein Nussknacker, WIE eine Schere, WIE eine Zange arbeiten. WO ist der Drehpunkt? Versucht mal, WIE ihr am besten eine schwere Tür offen haltet!

Gibt es vielleicht einen Drehpunkt bei uns im Kopf, wenn wir kauen? Fasst mal euren Kiefer an: Ihr könnt den Drehpunkt des Hebels fühlen.

Unsere Baustelle

Wir brauchen:

- Schubkarren
- improvisierte Flaschenzüge
- schiefe Ebene
- Bausteine (aus Styropor)
- Eimer
- Bauarbeiterhelme für die Kinder
- Schilder (siehe Foto)
- Absperrseile

Hier könnt ihr Bauarbeiter sein, Helme aufsetzen, Bausteine transportieren, schieben und ziehen und mit Flaschenzug und Transportband arbeiten.

Schieb mich
SAFARI
NEW TOUR
NATURAL PARK
DREHT
SICH
VAS?
Unbefugten
st der Zutritt
verboten!

ALLES BALANCIERT

Du selbst kannst balancieren!

Wir brauchen:

- Pappe, Lineal, Draht
- Schwebebalken, kleine Schirme, wenn wir »Seiltänzer« spielen.

Kinder haben einen guten Sinn fürs Gleichgewicht. Balanceakte machen ihnen Spaß. Sie bauen gefährlich aussehende Türme und hüpfen auf jede Mauer und jeden Bordstein, um zu balancieren.

Wenn ein Ding sein Gleichgewicht verliert, fällt es um. Es ist unnötig, das Phänomen »Gleichgewicht« sofort zu begreifen und erklären zu können. Viele Erfahrungen bilden das Fundament für späteres Verstehen.

Die Erde zieht mit ihrer Anziehungskraft jedes Ding an, auch unsere Körper. Alles hat einen besonderen Punkt, den Schwerpunkt, in dem sich die Anziehungskraft zu ballen scheint. Jedes frei schwebende Ding wird von der Erde angezogen und fällt, jedes stehende Ding bleibt stehen ohne zu fallen, solange sein Schwerpunkt senkrecht über seiner Grundfläche ruht. Wenn sein Schwerpunkt zu weit verlagert wird, fällt der Gegenstand um.

Tanya zeigt es: Sie schwingt ihre Hüften und verlagert ihren Schwerpunkt von einer Seite zur anderen. Sam lässt sich in meine Arme fallen, sie fühlt, WIE sie ihr Gleichgewicht verliert, wenn sie sich zu weit nach außen beugt und ihr Schwerpunkt nicht mehr senkrecht über ihren Füßen liegt.

WARUM
kann ich
so
so
?
BALANCIEREN?

Der Bleistift balanciert auf deiner Nase!

Wir brauchen:

- spitze Bleistifte
- Pappe
- Schere
- Draht

Jeremiah versucht, auf unserem Papp-Krebs den Schwerpunkt zu finden und will es schaffen, ihn auf seiner Nase zu balancieren. Wir entdecken, dass wir mit Gewichten den Schwerpunkt verschieben können, so dass der Krebs und der Bleistift auf der Nase bleiben. Wir nehmen Wäscheklammern und einen Draht, es gelingt!

Wenn ihr herausgefunden habt, WIE ihr alles, WAS ihr wollt, auf Finger, Nase oder Zunge balancieren könnt, wollt ihr gar nicht mehr damit aufhören, so wie Sam, die zuerst verzweifelt war, weil sie es nicht schaffte.

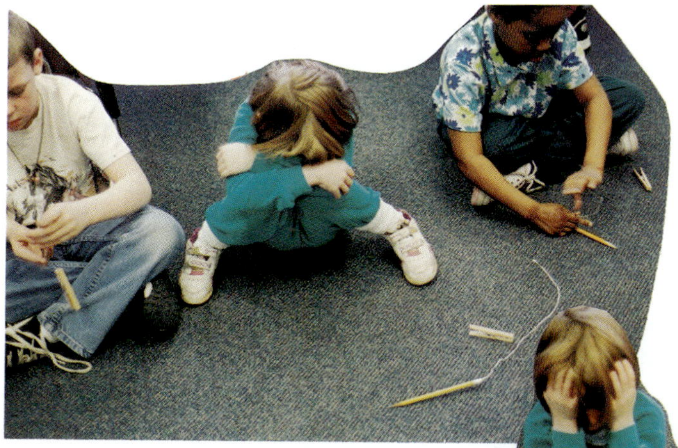

Ein Erfinder gibt nicht auf!

Immer wieder versuchen!

BRAVO!

Ist ganz leicht!

Was kommt zuerst am Boden an?
?
Warum?
DARUM!

WARUM hat die Erde Kraft?

Wir brauchen:

- Globus, Plastikfiguren, Knete, 2 verschieden schwere Holzteile
- 2 Waagen, aus einer machen wir eine »Mondwaage«

Hat die Erde so viel Kraft, dass sie WIE ein Riesenmagnet alle Dinge zu sich hinzieht? Unsere kleinen Menschen aus Plastik, die wir auf den Globus kleben, sollen zeigen, dass wir gerade auf der runden Erde stehen können, WO immer wir leben. Auch in Australien stehen die Menschen nicht auf dem Kopf! Diese Kraft der Erde heißt Schwerkraft.

Wir beobachten, dass ein schweres Brett und ein Stöckchen zur gleichen Zeit auf dem Boden ankommen, wenn sie zur gleichen Zeit losgelassen werden. Coco und ich springen gleichzeitig von einem Stuhl. Kommen wir trotz unseres großen Gewichtsunterschieds gleichzeitig auf dem Boden an?

Durch viele solcher Versuche wird klar, dass die Schwerkraft auf alle Dinge gleich wirkt.

WARUM bin ich auf dem Mond so leicht?

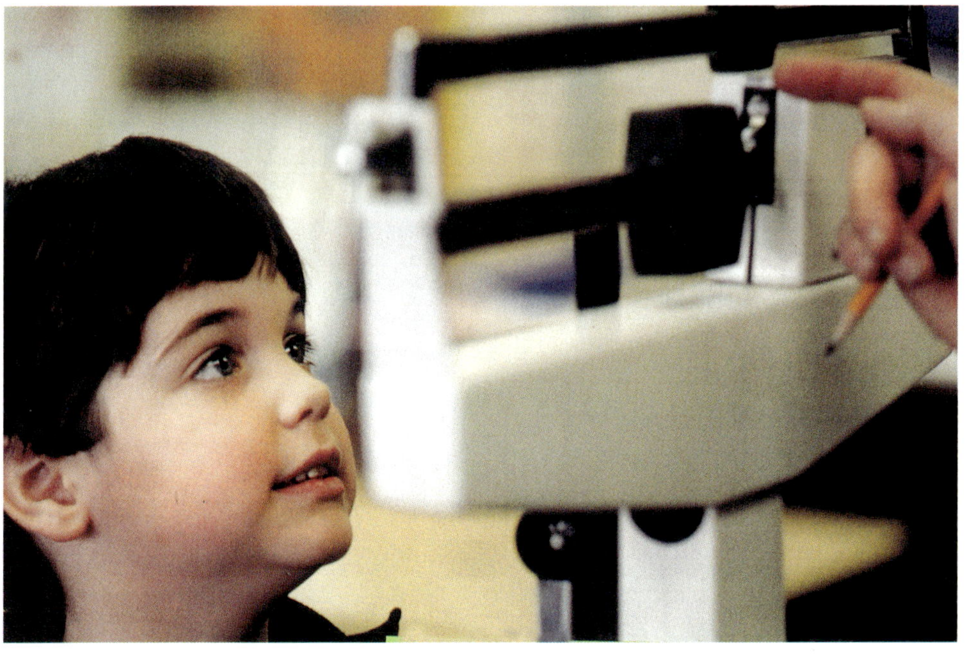

Die Schwerkraft der Erde ist groß, weil sie eine große Masse hat, sechs Mal größer als die Masse des Mondes. Wenn du auf dem Mond bist, wirst du von der viel kleineren Schwerkraft des Mondes angezogen: Jetzt wiegst du nur noch zehn Pfund, den sechsten Teil von deinem Gewicht auf der Erde. Stell dich auf unsere Mondwaage!

Wenn du weder von der Erde noch vom Mond noch von einem anderen Himmelskörper angezogen werden würdest, wäre dein Gewicht nicht mehr da. Du wärest dann »schwerelos«. Das heißt: Du wiegst nichts!

Das Astronauten-Abenteuer

Wir spielen Astronauten. Unser Raumschiff hat im Weltraum eine Panne. Die Erdstation weiß Rat: Vor mehr als 30 Jahren ist die Panne wirklich passiert.

Wir brauchen:

- Mobile mit Planeten, einen Schutzhelm
- Plastiktüten, ein Stück Schlauch
- Klebeband, Watte, Stoff
- Computer oder etwas Ähnliches

»Hallo Bodenstation! Hier spricht Apollo 7. Wir haben Probleme, unser Filtersystem funktioniert nicht! WAS können wir tun? Die Luft ist so schlecht, dass wir nicht atmen können! Könnt ihr uns helfen? Die Werte steigen schnell, wir müssen dieses Problem sofort lösen!«

»Hallo, Apollo 7, hier spricht die Bodenstation! Wir werden uns in drei Minuten zurückmelden!«

Die Leute der Bodenstation überlegen, WAS den Astronauten an Bord zur Verfügung steht: Plastiktüten, Klebeband, leere Kanister, Baumwollwatte, Fußsocken, Hosenträger... Drei Minuten vergehen, dann heißt es: »Apollo 7, wir haben es! Ihr müsst ein Filtersystem bauen, um es an den Schlauch anzuschließen, der zu der Sauerstoffmaske führt, versteht ihr? Nehmt ein Stück Stoff von euren Socken und klebt es über das Ende des Schlauchs. Nehmt Watte und drückt sie auf die Socken. Jetzt klebt die Plastiktüte um dieses Ende des Schlauchs und schließt das Ganze an euren Filter an. Verstanden?«

»Es funktioniert, wir können wieder richtig atmen! Die Luft wird besser. Danke, Leute!«

Welche Art zu denken ist nötig, um Probleme so schnell zu lösen? Oft begegnen wir Schwierigkeiten, bei denen wir sagen: »Ich kann es einfach nicht herausfinden. Ich werde aufgeben!« WAS wäre mit den Astronauten von Apollo 7 geschehen, wenn sie aufgegeben hätten?

Wir müssen Denker sein, die nie aufgeben. Es gibt eine Lösung! Wir müssen unseren Kopf anstrengen! Auch wenn wir probieren und wieder probieren und einen Fehler nach dem anderen machen, dürfen wir nie aufgeben.

Kann ein Ei balancieren?

Wir brauchen:

- Frühlings- oder Herbstanfang (ganz genau)
- mehrere rohe Eier

Große Aufregung herrscht bei allen Kindern und Lehrern unserer Schule in Winchester, als wir am 21. März, zur Tag-und-Nacht-Gleiche, ein Ei auf seiner Spitze balancieren lassen. Das geht nur zum Frühlings- oder Herbstanfang. Unsere Eier bleiben auf ihren Spitzen und stehen für ungefähr 24 Stunden, dann fallen sie von allein um. Kann das mit der Erdrotation, der Masse der Erde und ihrer Anziehungskraft zu tun haben? Wir stellen diese Fragen immer noch. Versucht es doch auch einmal zum Frühlings- oder Herbsanfang!

Wir wissen es

MACH MAL LICHT!

WARUM kann man ohne Licht nichts sehen?

Wir brauchen:

- Für jedes Kind eine Taschenlampe (nummeriert)
- Papphaus (aus großen Kartons basteln)
- Karten mit Lichtsymbolen

Wir bauen ein Papphaus aus großen Kartons und malen auf die Innenwände bunte Einrichtungsgegenstände. Wenn die Kinder ins Haus kommen, ist alles dunkel.
»MACH MAL LICHT!«

Taschenlampe Nr. 1 wird angeknipst, dann Nr. 2, Nr. 3 usw. Immer mehr kann man sehen! Dann Fenster auf und Dach ab! Überall ist Licht, es ist hell und die Wände leuchten bunt!

WAS, WIE, WO ist Licht?

Alle sagen, WAS ihnen zum »Licht« einfällt, und suchen aus einem Korb die passenden Bilder: Sonne, Feuer, Stern, Kerze, Taschenlampe, Glühbirne, Feuerzeug, Streichholz, Blitz, Kamin, Regenbogen, Fernseher und Symbole für heiß, gelb, gefährlich, schön, klar, hell.

WARUM gibt es auf der Erde Licht?

DARUM: **Die Sonne ist ein Stern aus glühenden Gasen.**

... mit einer Riesenhitze, die in Kraft umgewandelt wird und als Licht und Wärme zur Erde reist.

WER braucht das Licht und WARUM?

Wir brauchen:

- Samen
- 2 große Blumentöpfe
- Korken
- gekeimte Kresse (mit und ohne Licht)
- teilweise abgedeckte Pflanze oder Grasstück
- schwarzes Tuch

Dass die Menschen und Tiere das Sonnenlicht brauchen, weil sie ohne Wärme und Helligkeit nicht leben können, wissen wir alle. Aber WAS wird aus den kleinen schwarzen Samenkörnern in eurer Hand, wenn sie im Dunkeln wachsen müssen? Stellt einen Topf mit Erde und Samen in den Schrank, gießt ihn, aber lasst ihn ohne Licht.

Wir stellen einen zweiten Topf auf die Fensterbank und lassen ihn ohne Wasser. Glaubst du, dass Pflanzen nur mit Licht, aber ohne Wasser leben können?

Wir stülpen uns Blumentöpfe über den Kopf und spielen Samen, die im Dunkeln wachsen wollen.

Kann man Licht essen?

Wir brauchen:

- Korb mit Obst, Gemüse, Brot
- Milch, Butter, Eier
- großes Puzzle der Nahrungskette

! ? JA!!

Natürlich könnt ihr das Sonnenlicht nicht in eine Tüte packen und es WIE Popcorn aufessen. Aber das Licht steckt in allen gesunden Nahrungsmitteln. Wenn wir die Pflanzen essen, dann »essen« wir mit ihnen auch das Licht. Denn die grünen Pflanzen konnten nur mit Hilfe des Sonnenlichts wachsen. Selbst Tiefseefische, die nie Sonnenlicht bekommen, können leben, weil auch sie Licht »essen«: Pflanzen und kleine Tiere, die vorher ihre Nahrung mit Hilfe des Sonnenlichts gebildet haben. Pflanzenfresser »essen« auch Licht. Füchse fressen das Licht im Kaninchenfleisch, denn Kaninchen sind Pflanzenfresser. Und jetzt sagt ihr, WAS Brot und Eier, Milch und Butter mit dem Sonnenlicht zu tun haben!

WARUM?

SONNENLICHT STECKT IN ALLEN NATÜRLICHEN

WARUM?

WARUM gibt es Schatten?

DARUM!

WARUM gibt es Schatten?

Wir brauchen:

- Vorhänge, um unseren Raum zu verdunkeln
- große Taschenlampe
- weiße Wand oder gespanntes Laken
- starke Lichtquelle
- unsere Hände

Wir ziehen die Vorhänge zu und gehen mit einer Taschenlampe um die Stühle herum. Die Schatten der Stühle laufen über die Wände, werden schmal, schief und schwach und unsichtbar, wenn wir den Vorhang langsam wieder öffnen.

Wenn du nicht durch einen Gegenstand hindurch sehen kannst, ist er undurchsichtig: Das Licht erreicht nicht deine Augen.

Weil die Lichtstrahlen gerade sind, können sie nicht um den Gegenstand herumgehen. Sie werden gebremst. WAS ist dort, WO kein Licht ist? Du hast im Haus gemerkt: Ohne Licht ist es dunkel. Hinter deinem Gegenstand ist es dunkel, dort gibt es eine dunkle Fläche. WELCHE Form hat sie? Beim SCHATTENSPIEL siehst du verschiedene Schatten. Du machst sie selbst mit deinen Händen oder mit allen möglichen Dingen. So entstehen auf einem gespannten Leintuch mit starkem Licht dahinter oder im abgedunkelten Raum Kaninchen, Hund, Giraffe, Vogel.

WIE groß ist dein Schatten, wenn du ganz nah beim Licht stehst? WIE groß ist er, wenn du weit weg vom Licht, aber nahe an der Bildwand stehst? Probiere es aus. WARUM ist das so? Denk nach, rate!

WARUM sind wir eine Sonnenuhr?

Wir brauchen:

- Lichtquelle, am besten Sonnenlicht
- große Taschenlampe
- Puppe, Zeichenkarton und Stifte
- gespanntes weißes Tuch oder weiße Wand

Wenn wir uns in die Sonne stellen, wirft unser Körper seinen Schatten auf den Boden. Wenn die Sonne hoch am Himmel steht, ist der Schatten ganz klein. Es ist mittags. Morgens und abends steht die Sonne niedriger und unser Schatten ist länger. Wenn du dich jede Stunde einmal an derselben Stelle auf einen festen Boden stellst, fällt dein Schatten immer in eine andere Richtung. Jetzt brauchst du nur noch jemanden, der diesen Schatten mit Kreide umrandet.

Mit einem starken Licht können wir auch drinnen aus dem Schatten einer Puppe oder unserem eigenen Schatten eine Sonnenuhr zeichnen.

WAS alles kann das Licht?

Wir brauchen:

- mit Alufolie ausgeklebten Papptrichter für jedes Kind
- schwarze und weiße Platte, evtl. eine künstliche Lichtquelle
- große Glühlampe mit Dimmer, 2 Gläser, Glas mit Wasser, leeres Glas
- Plastikstrohhalm, 2 gleiche Puppen, rundes Aquariumglas mit Goldfisch
- Pampelmuse, Stehlampe

- **Wärmen:**

Wenn du einen Alufolientrichter auf deinen Finger setzt und ihn in die Sonne oder in eine Lichtquelle hältst: WIE fühlt er sich an? Ob die Lichtstrahlen im Trichter gebündelt werden und deshalb deinen Finger wärmen?

Eine schwarze und eine weiße Platte hängen nebeneinander im Licht. WELCHE ist wärmer. Ob die schwarze Platte Licht verschluckt und die weiße Licht zurückstrahlt?

• Leuchten:

Die Glühlampe leuchtet, wenn du den Strom anschaltest. Das Fließen des Stroms erhitzt den Draht. WAS bewirken heiße, glühende Körper? Denk an die Sonne!

WARUM leuchtet der Mond so hell? Er wirft das Licht der Sonne zurück, die ihn bescheint. Spielt das Mondspiel: eine Pampelmuse ist der Mond, ein Kind ist die Erde, die sich dreht, und eine Stehlampe ist die Sonne. Ihr könnt sehen, WIE aus dem Vollmond ein abnehmender, ein »neuer« und ein zunehmender Mond wird.

• Springen:

WARUM sieht der Plastikhalm in einem Glas mit Wasser darin aus, als wäre er auseinander gebrochen? WARUM sehen die Beine einer Puppe unter Wasser anders aus als in einem leeren Glas? DARUM: Stell dir vor, du läufst durch ein leeres Schwimmbecken. Kommst du schneller oder langsamer voran, als wenn du durch ein Becken voller Wasser gehst?

So geht es dem Licht, wenn es aus der Luft in das Wasser eintritt, es wird »gebrochen«, es »läuft« langsamer und nimmt eine andere Richtung. Ein Fisch in einem runden Glas scheint zu wachsen, wenn er auf dich zu schwimmt. Du kannst einen Knopf in einem Glas verschwinden lassen und einen gemalten Pfeil in eine andere Richtung lenken, wenn du das Bild hinter das volle Glas stellst. Dazu brauchst du aber viel Geduld!

WIE ?

Spiele mit Linsen, Lupen, Löffeln, blanken Töpfen, Spiegeln

Wir brauchen:

- Linsen, Lupen, Löffel, blanke Töpfe oder Schüsseln
- alle Arten von Spiegeln, Spiegelfolie
- Filzstifte, Pappstreifen für Spiegelschrift
- Mikroskop

WIE VIELE verschiedene Spiegel hat ein Löffel? WARUM seht ihr das »A« durch unterschiedliche Gläser einmal groß und einmal klein? DARUM: Wenn Gläser oder spiegelnde Dinge gewölbt sind, »brechen« sie das Licht und lassen die Gegenstände mal groß und mal klein erscheinen. Probiert das und seht euch die Linsen gut an. Dann ratet mit verbundenen Augen, ob die Linse in euren Händen das »A« vergrößert oder verkleinert.

Ein Mikroskop macht den Tomatenkern riesig; es hat Linsen, die ungeheuer vergrößern können.

Spiegel werfen das Licht in unser Auge zurück – so wie ein Ball zurückkommt, den du gegen eine Wand wirfst. Wenn du dich im Spiegel siehst, werfen die Lichtstrahlen dein Bild zurück. Wenn du die linke Hand hebst, hebt dein Spiegelbild sie auch?

Zerrspiegel sind gewölbt, sie verzerren die Bilder – so wie die Löffel.

Spiegelschrift schreiben: Halte einen Streifen Papier vor deine Stirn und schreibe – ohne lange zu überlegen – deinen Namen darauf. Nicht aufgeben! Lass dir helfen.

WARUM
macht
das Glas
?
Regen-
bögen?
DARUM!

Einen Regenbogen zaubern

Wir brauchen:

- große und kleine Prismen aus Glas
- Schale mit Wasser und Spiegel
- Dia von einem schönen Regenbogen
- Diawerfer, damit die Kinder im Regenbogenlicht tanzen können
- weiße T-Shirts

Heiße Dinge senden Licht aus. Du weißt: je heißer, desto heller. Unser Sonnenlicht scheint weiß glühend. Aber wenn wir im Licht mit geschliffenen Gläsern (Prismen) spielen, entdecken wir, dass das Licht viele Farben hat. Scheint die Sonne durch einen Schleier aus Regentropfen, entsteht ein Regenbogen.

Unser Prisma fängt die Farben ein und wirft sie auf den Boden. Wenn du darauf trittst, kriechen die Farben auf deine Schuhe. Wir bauen selbst ein Prisma, halten einen Spiegel ins Wasserglas, fangen mit ihm das Sonnenlicht ein und leiten es um auf weißes Papier: Wir haben einen Regenbogen gezaubert!

Mit weißen T-Shirts tanzen wir im Regenbogen, den ein Projektor und ein Prisma auf uns werfen: violette, blaue, grüne, gelbe, orangefarbene Streifen nebeneinander. Fang sie mit deinem T-Shirt, mit Nase, Armen und Beinen!

WARUM wird die bunte Scheibe grau?

Durch die schnelle Bewegung kann das Auge die einzelnen Farben nicht mehr sehen, sie werden GRAU.

?

WARUM IST DAS RAD RUND?

Wir brauchen:

- Besenstiel, Pappe, Scheren, Knöpfe
- Ball, Schnur
- einen Pappkarton, so groß wie der Ball
- Räder und Rädchen aus Baukästen oder alten Spielzeugen
- Zahnräder aus alten Gegenständen (Uhr, Haushaltsgeräte)
- Fahrrad mit Mehrgangschaltung
- verschiedene Werkzeuge
- Kinder einer älteren Klasse, die uns beim Autobauen helfen
- Unterbau eines alten Go-Carts

WIE wird aus dem Besenstiel eine Ballerina?

WARUM bewegen sich manche Dinge von einem Ort zum anderen? WARUM drehen andere sich nur im Kreis? Versucht, euch so schnell wie ein Kreisel zu drehen, ohne dabei umzufallen!

Wir bauen einen Riesenkreisel aus einem Besenstiel und verschieden großen Pappkreisen, die wir auf den Stiel stecken. WIE dreht sich unser Kreisel am längsten? Wir entdecken: Je tiefer die unterste Pappscheibe sitzt, desto länger dreht er sich und desto sicherer und stabiler ist er.

WARUM?
WIE?
DARUM!

Eine Ballerina basteln.

Ein Erfinder gibt nicht auf!
Wieder versuchen!
WARUM ?
BRAVO!
DARUM!

WIE baust du einen Surrer?

Aus einem Knopf und dünner Schnur entsteht er:

Die Schnur durch ein Loch des Knopfes führen, dann wieder zurück durch das andere Loch, dann zu einem Kreis knoten. Mit dem Knopf in der Mitte wird die Schnur über beide Daumen gestülpt. Wenn der Knopf ein bisschen gezupft wird, verwickelt sich die Schnur. Zieht man sie mit den Daumen straff, fängt der Knopf an, sich zu drehen und die Schnur abzuwickeln. Durch seine Trägheit dreht sich der Knopf weiter, die Schnur wird nun in die andere Richtung aufgewickelt und das Ganze beginnt noch einmal. Sobald ein Rhythmus entsteht, kann das Auf- und Abwickeln endlos weitergehen, und ihr hört ein lustiges Surren.

Wichtig ist, dass man mit Spaß entdeckt, wie man den besten Kreisel oder einen Surrer baut. Sam ist verzweifelt, weil ihr Kreisel nicht funktionieren will. Wir ermutigen sie, es immer wieder anders zu versuchen. Schließlich funktioniert er genau wie die Kreisel der anderen.

Es ist gut, wenn die Kinder ihre Gedanken, Ideen und Entdeckungen miteinander teilen. Sie beginnen, ein Konzept zu entwickeln, WAS Drehung ist und WAS sie bewirkt. Rotation ist ein sehr wichtiger Teil ihrer dynamischen kleinen Welt.

!

Eine Ball-Scheibe und ein Karton-Viereck, wer ist schneller?

Wettlauf zwischen Ball und Pappkarton

Wir brauchen:

- Ball, runde Pappscheibe
- Pappkartons, quadratisch und gleich groß
- Holzlineal

Ein Ball ist eine Kugel. Er rollt in alle Richtungen und fällt nicht um wie ein dünnes Rad. Wenn man ein Rad aber schnell dreht, fällt es nicht leicht um. Durch schnelles Drehen entstehen Kräfte, die der Anziehungskraft der Erde entgegenwirken. Ein schnell fahrendes Fahrrad fällt nicht so leicht um wie ein langsames.

Wir befestigen in der Mitte einer Schallplatte eine Schnur und lassen sie wie einen Teller in der Luft hängen. Schwingen wir sie nun hin und her WIE eine Schaukel, kippt sie in alle Richtungen und wackelt. Wenn wir die Platte aber vorher schnell drehen WIE eine Frisbee-Scheibe, bleibt sie gerade und fast waagerecht zum Boden. Sie widersteht den Kräften, die versuchen, sie zum Kippen und Wackeln zu bringen.

Es macht Spaß, zu erleben, WIE verschiedene Dinge verschieden rollen können! Sind Räder Scheiben von einem Ball? WARUM? Später, wenn ihr mehr Versuche gemacht habt, könnt ihr durch Messungen herausfinden, dass der Schwerpunkt WIE bei einer runden Scheibe genau in der Mitte des Rades liegt, denn zu allen Seiten ist die Entfernung von der Mitte gleich. Wenn das Rad aufrecht steht, ist es leicht zu bewegen und rollt fast von alleine, weil es keine Ecken und Kanten hat, auf denen es ruhen könnte.

Bei einem Pappkarton ist das anders. Sein Schwerpunkt liegt zwar auch in der Mitte, aber die Entfernung von der Mitte zu den Seiten und den Ecken ist unterschiedlich. Man muss eine Ecke des Pappkartons tatsächlich heben (entgegen der Schwerkraft anheben) und umkippen, wobei er dann einfach auf einer anderen Seite landet und liegen bleibt. Ein Rad, erst einmal angestoßen, findet keinen Ruhepunkt, es sei denn, es kippt zur Seite und verliert sein Gleichgewicht. Deshalb sind Räder gut zu bewegen und erleichtern die Arbeit.

»Auf die Plätze, los!« Der Ball und der gleich große Pappkarton laufen um die Wette.

Kurven fahren

Wir brauchen:
- kleine und große Räder und Achsen
- Pappe, Filzstifte

Wenn man verschieden große Räder auf eine Achse montiert, WIE fährt das Auto? Das linke Rad ist kleiner und das rechte Rad größer, in WELCHE Richtung fährt das Auto? Probiert es, denkt nach und testet!

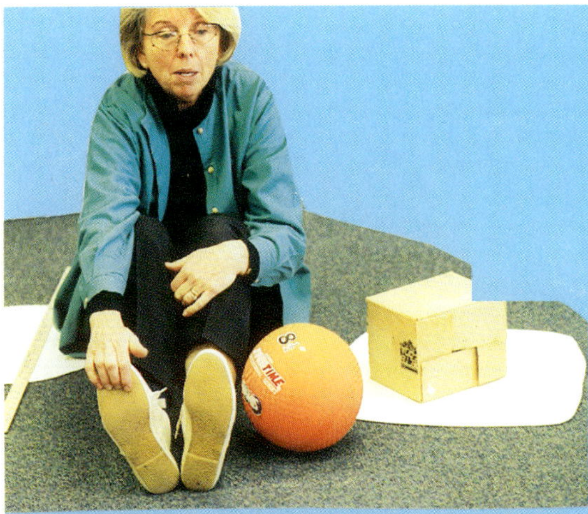

WAS reibt sich WO?

Wir brauchen:

- verschieden besohlte Schuhe
- runde und eckige Pappkisten

Wenn man ein Ding bewegt, entsteht zwischen dem Gegenstand und seiner Unterlage Reibung. Eine große Kiste, in der Kinder sitzen, reibt sich stark am Teppich, wenn wir sie schie-

ben. Fühlt mal, WIE heiß der Teppich wird!

Wenn wir Rollen unterlegen, geht es viel leichter und der Teppich wird nicht so heiß. Auf einem Stück Wachspapier rutschen wir viel schneller als auf unseren Hosen. Dicke Schuhsohlen reiben sich am glatten Boden und schützen vor Ausrutschern.

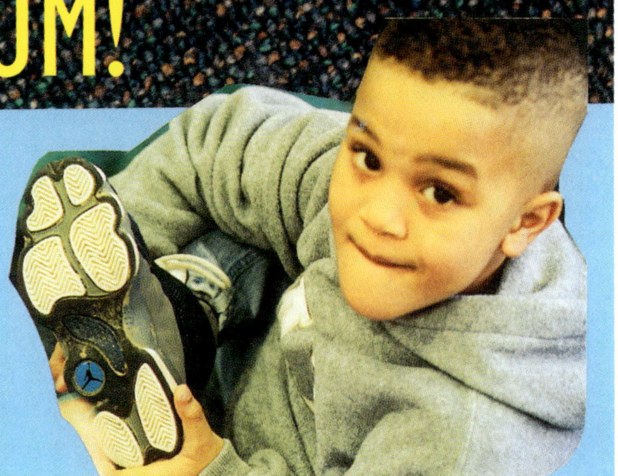

Wir sind selbst ein Flaschenzug!

Wir brauchen:

- Spulen, Stricke
- Rollen
- 2 Besenstiele
- einen kleinen, einfachen Flaschenzug (Werkzeugladen)
- mehrere Kinder

Räder sind einfache Maschinen. Wenn sie uns helfen, Dinge zu heben, sind sie Teile eines Flaschenzugs. Stellt euch vor, dass wir ein Klavier zum dritten Stock eines Hauses heben wollen, weil es nicht durch die Tür passt. WIE funktioniert das mit einem Flaschenzug?

Ein Seil wird um ein Rad und um das Klavier gezogen und im dritten Stock befestigt. Das Klavier ist aber schwer und wir müssen noch weitere Räder und ein längeres Seil einsetzen. Mit weniger Kraft, aber mehr Zeit zum Ziehen schaffen wir es. Der Weg ist länger geworden.

Jetzt bauen wir aus zwei Besenstielen, einem langen Seil und fünf Kindern einen einfachen Flaschenzug: Für einen alleine gegen alle ist es leicht, die Besenstiele zusammenzuziehen – die Kinder auf beiden Seiten wirken WIE die Rollen beim Flaschenzug. Wir probieren, mit großen Spulen und Seilen andere Flaschenzüge zu bauen. Wer die Lust verliert, geht spielen.

Wir sind ein Flaschenzug!

Aus dem RAD
WIE
?
wird eine ROLLE

WARUM?
!

Zahn an Zahn

Wir brauchen:

- Zahnräder, Legobausteine
- Haushaltsgeräte mit Zahnrädern
- ein Fahrrad mit mehreren Gängen

Wenn Räder Zähne haben, heißen sie Zahnräder. Wenn mehrere Zahnräder ineinander greifen, entsteht ein Getriebe, das die Geschwindigkeit größer oder kleiner werden lässt. Bringt mit, was ihr an Geräten mit Zahnrädern oder Getrieben finden könnt: ein altes Fahrrad, einen Sahneschläger, einen ausgedienten Wecker, einen Büchsenöffner.

Wir drehen das Fahrrad um und sehen, dass es viele Gänge hat. Das größte Zahnrad dreht sich einmal herum, während das kleine drei Drehungen macht. Ob sich das Fahrrad schneller bewegt, wenn man die Kette auf ein größeres Zahnrad montiert? Oder ist es umgekehrt? Versucht es! Dreht an dem Büchsenöffner und seht zu, WIE das Schneiderädchen die Dose öffnet.

Zeichnet eure Ideen, während wir über die Dinge sprechen. Nikita schaut sich meine Zeichnung vom Fahrrad genau an und versucht, sie abzumalen. Wir können nur etwas begreifen, wenn unsere Augen es anfassen.

Fährt ein Rad
mit vielen
Zahnrädern
?
leichter?

Die Autobauer

Wir brauchen:

- ältere Kinder, die uns helfen (hier ist es eine 4. Klasse)
- Spulen und Achsen für Mini-Autos
- Holz, Säge, Latten, Werkzeuge
- Räder, Sitz und Lenkrad von einem alten Go-Cart
- Geduld

Die Kinder wollen ein Auto bauen. Wir sammeln hölzerne Spulen und Achsen und versuchen, Miniaturautos zu bauen.

Die 9-Jährigen der 4. Klasse arbeiten mit uns. Wir sägen Holz und besorgen vier Räder, einen Sitz und viele Werkzeuge und zeichnen alles auf dem Boden ein. So merken wir uns, WAS wir WIE, WANN und WO eingesetzt haben.

WIE?

WARUM?
Alles gut sortieren!
DARUM:
Damit wir wissen, WAS wir WO eingesetzt haben.

Malcolm untersucht die Teile und die Pläne genau. Zuerst stellt er die vier Räder hin und in die Mitte den Sitz. Er meint, jetzt würde das Auto fahren. Dann entdecken wir aber, dass die Räder mit den Achsen verbunden werden müssen, die Achsen mit dem Körper des Autos und dass der Sitz ebenso daran befestigt sein muß. Mitch, Brandon und Malcolm bauen einen Rahmen für den Sitz, befestigen den Rahmen und hinterher auch die Achsen auf dem Wagen. Dann bauen sie mit Hilfe der großen Kinder die restlichen Teile zusammen.

Jetzt sind die Räder montiert. Es wird überlegt, WIE man das Auto lenken kann. Es dauert lange, bis Mitch herausfindet, dass man die Vorderachse bewegen muss. Aber WIE? Vielleicht mit einem Seil, das an der einen oder der anderen Seite der Achse zieht? Wenn wir schon

kein Lenkrad haben, reicht vielleicht ein Seil. Daniels Miniauto verwendet zur Fortbewegung ein Segel. WIE könnten wir unser Auto antreiben? Wir wollen dafür ein Segel bauen!

WER braucht
WO
WA
Water
überschwemmung
baden
putzen
trinken
duschen
Wann?
Warum?

WASSER, WIND UND WETTER

WAS fällt dir zum Wasser ein?

Wir brauchen:

- große blaue Schüsseln mit Wasser, Tafel oder Pappe, Kreide oder Filzstifte

In unserem Kreis steht eine große Schüssel voll Wasser. Wir schreiben alles auf, WAS uns dazu einfällt: Regen, schwimmen, waschen, trinken, Schnee, Wasser schmeckt mir nicht, hat keine Farbe, nass, tauchen, schön, blau, Limo, Eiswürfel, Tropfen, dreckig. Wir können lange vom Wasser erzählen, weil wir ihm täglich begegnen.

Darum!

WARUM hat das Wasser viele Formen?

Wir brauchen:

- Eiswürfel, Kochplatte
- Wasserkessel mit Flöte

Meistens ist Wasser flüssig, wir trinken es gern, spielen damit, baden darin. Es ist Dampf, wenn es aus dem Teekessel kommt, aber hart WIE Stein, wenn es zu Eiswürfeln gefriert. Wir fassen das Wasser in unserer Schüssel an: Es ist weich, sanft, schön. Wir plantschen mit den Füßen im Wasser. Große Begeisterung! Und jetzt werfen wir die Eiswürfel auf den Boden. »Den möchte ich nicht auf den Kopf kriegen!« Dirk hat gehört, dass Hagelkörner manchmal so groß wie Eier sind und Fensterscheiben kaputtschlagen.

WIE groß ist ein Wassertröpfchen?

Wir brauchen:

- kleine Gießkanne
- Tafel und Kreide
- Föhn

Lasst Wasser ganz langsam aus der kleinen Gießkanne tropfen: Ist ein Tropfen das kleinste Teilchen vom Wasser? In diesem Stecknadeltropfen sind Billionen kleinster Wasserteilchen. Macht mal die Augen zu, ich schreibe die Zahl an die Tafel. Jetzt zählt die Nullen! Und die sind alle in dem winzigen Tröpfchen?

Stellt euch vor, dass diese vielen, vielen Teilchen (Moleküle) sich ständig hin- und herbewegen. Sie schieben sich, kleben aneinander, brechen ab, sie springen sogar aus unserer Schüssel und verschwinden in der Luft, bloß sehen können wir sie nicht.

Tupfe mit dem nassen Schwamm zwei Flecken an die Tafel und wedele einen davon trocken, das geht ganz schnell. Im warmen Wind unseres Haartrockners verdunstet das Wasser noch schneller. Wärme lässt unsere kleinsten Wasserteilchen wie wild umeinanderspringen, sie hopsen aus der Wäsche raus. Beim Kochen düsen sie herum und hüpfen als Dampf aus dem Topf. (Vorsicht, heiß!)

Du bist ein Wassermensch auf dem »Blauen Planeten«

Wir brauchen:

- blaue Bänder
- großen Globus

Wir umwickeln Austin von den Füßen bis zur Brust mit blauen Bändern. Da, wo er jetzt blau ist, stellt euch Wasser vor, aber in Wirklichkeit läuft es durch den ganzen Körper vom Kopf bis zur Fußspitze, es ist in unserem Blut und unseren Körpersäften. Wir können nicht ohne Wasser leben! WIE und WO geht das Wasser in den Körper hinein und WO geht es hinaus? Malt Erik an die Tafel und zeichnet Ein- und Ausgänge.

Unsere Erde wird der »Blaue Planet«

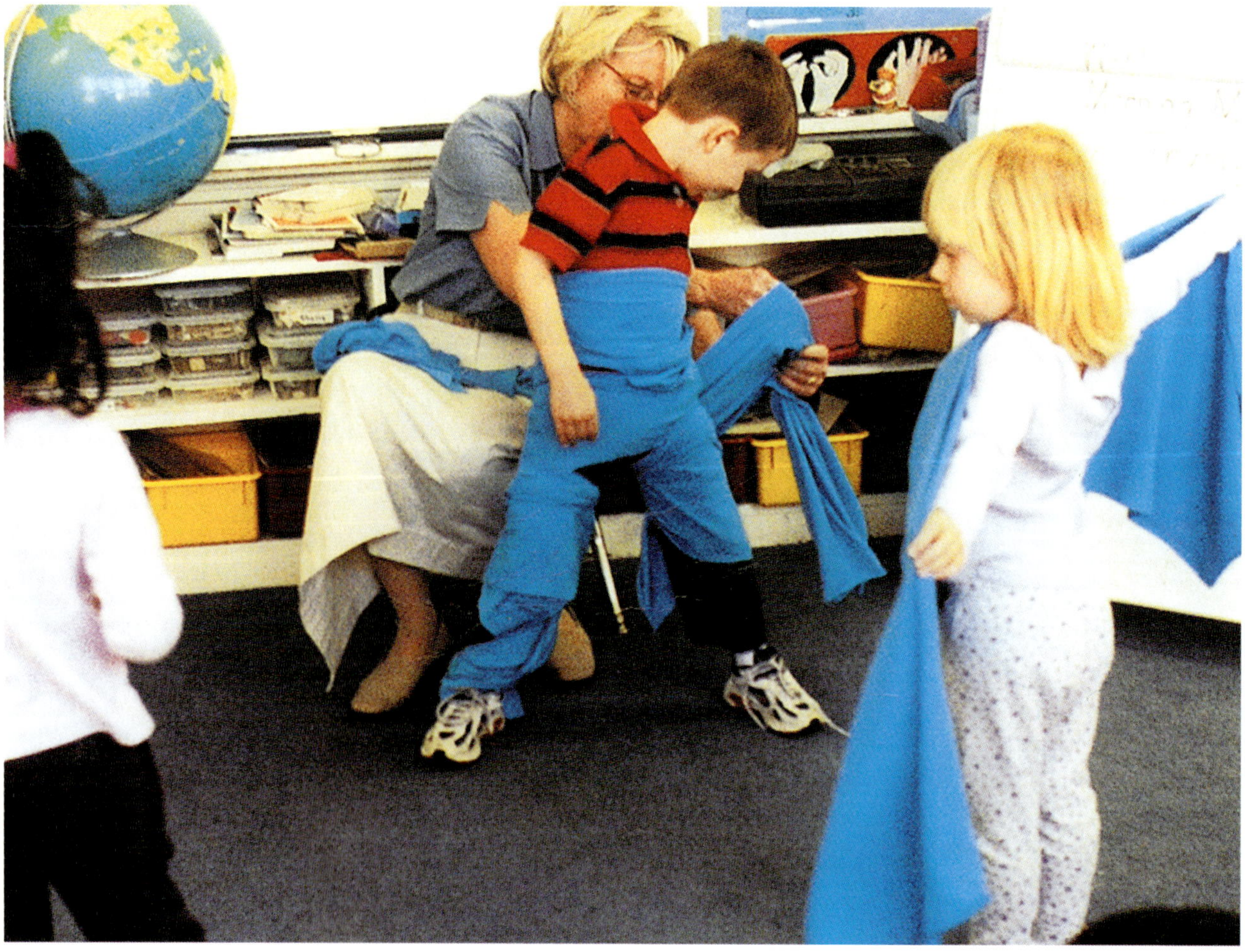

genannt, weil so viel Blau auf dem Globus zu sehen ist: die Ozeane, Seen und Flüsse. Dabei haben wir an das Wasser in den Teichen und Pfützen, in unserem Körper und in den Blättern der Bäume noch gar nicht gedacht. Unsere Erde ist der einzige Planet im Sonnensystem, auf dem es flüssiges Wasser gibt. Wäre die Erde nur ein bisschen näher an der Sonne, würden die vielen Wasserteilchen Dampf sein; ein bisschen weiter weg wären sie Eis.

WARUM läuft das Wasser im Kreis?

Wir brauchen:

- Puzzle vom Wasserkreislauf
- Verkleidungen für Erde, Sonne, Luft, Wolken, Regen
- Wasserspender und Becher

Die Erde ist umgeben von Luft, die wegen der Anziehungskraft der Erde dicht an ihr klebt. Nun strahlt die Sonne und erhitzt Erde, Wasser und Luft. Die Wasserteilchen springen, hüpfen, tanzen, schieben sich, mischen sich, ohne einen Quirl oder Kochlöffel. Sie mischen sich so gut, dass sie hoch in die Luft steigen – aus den Seen, Ozeanen und Flüssen, aus deinem Kochtopf und sogar aus deiner Haut. Sie sammeln sich dicht um die Staubkörner in der Luft und bilden Wolken.

Wenn es aus den Wolken regnet, fällt das Wasser wieder zur Erde herab. Ein Teil davon sickert einfach in den Boden zu unserem Grundwasser. Das Wasserwerk pumpt es in Rohre, wir drehen den Wasserhahn auf und können es trinken, damit kochen und waschen. Es ist köstlich – probiert es!

Wasser waschen, WARUM und WIE?

Wir brauchen:

- Weckglas, 4 leere Joghurtbecher, Kies, groben Sand, feinen Sand
- Kaffeefiltertüten
- schmutziges Wasser

Das Wasser auf unserer Erde wächst nicht nach. Im Himmel ist kein großer Wasserhahn, der angedreht wird, wenn wir mehr brauchen. Wasser ist ein kostbarer Schatz! Wenn wir ihn behalten und genießen wollen, müssen wir ihn schützen und sparsam mit ihm sein. WIE und WO kannst du Wasser sparen? Schreibe oder male deine Ideen!

WO bleibt der Schmutz aus der Wäsche, wenn sie blütenweiß aus der Maschine gezogen wird? WO bleiben die fettigen Reste, die vorher am Geschirr kleben? Schmutz und Reste fließen durch das Abflussrohr. Kommen sie in unser Grundwasser?

WARUM nicht? Es gibt Kläranlagen, das sind riesige Wasserreiniger. Wir bauen jetzt ein Mini-Modell, denn wir wollen unser Wasser waschen!

Macht Wasser nass?

Wir brauchen:

- Regenschirm
- Federn, Löffel

Vorsichtig tropfen wir Wasser auf eine Vogelfeder. Der kugelige Tropfen bleibt oben stehen. WARUM lässt die Feder das Wasser nicht durch? Sieh genau hin.

Die Federn haben kleine Haken.

WARUM bleibst du unter einem Regenschirm trocken? Würdest du unter einem Schirm aus Papierservietten nass? Wenn der Schirm aus festem Stoff ist, bilden die Regentropfen Kügelchen, die an den Seiten des Schirms herunterkullern. WARUM? Wassertropfen sind »gespannt« wie die Wasseroberfläche eines Teiches, auf der leichte Libellen sitzen können. Die kleinsten Teilchen kleben so eng

aneinander, dass sie WIE eine gespannte Haut wirken.

WARUM können wir uns im Wasser spiegeln? Können wir uns auch noch sehen, wenn wir Wellen machen? Legt ganz vorsichtig eine Stecknadel auf ruhiges Wasser, geht sie unter oder schwimmt sie oben?

Weil er so schwer ist wie das Wasser , das er verdrängt.

WARUM geht mein Apfel nicht unter?

Wir brauchen:

- Apfel, Stein, Korken, Metall
- Papier, Glaskugeln, Brot
- Aquarium, Gummitiere
- Küchenwaage

WARUM schwimmen manche Gegenstände auf dem Wasser und andere gehen unter? WELCHE? Wir testen es! WARUM schwimmt mein Apfel?

Der berühmte Erfinder Archimedes hat vor mehr als 2000 Jahren in seiner Badewanne gesessen und dabei die große Erfindung gemacht, dass das Wasser, das ein Körper verdrängt, genauso viel wiegt wie der Körper selbst. Wir machen das mit leichten und schweren Gummitieren nach: Auf unserer Waage sehen wir, dass die Tiere, die schwimmen, genauso schwer sind wie das Wasser oder weniger wiegen als das Wasser, das sie verdrängen.

Kannst du dir vorstellen, WARUM ein großes Schiff nicht untergeht, aber ein kleiner Stein sofort im Wasser versinkt? Die Kraft, die das Schiff nach oben drückt, ist genauso groß WIE das Gewicht der Wassermenge, die es verdrängt.

Ein Stein, ob klein oder groß, ist auf jeden Fall schwerer als die Wassermenge, die er verdrängt, deshalb schwimmt er nicht, sondern sinkt auf den Boden.

Lasst es regnen! Macht Gewitter!

Wir brauchen:

- Kochplatte, Topf
- durchsichtige Plastikschüssel
- Eiswürfel
- bunte Luftballons
- Buch
- Papiertüten zum Donnermachen

Wir kochen Wasser. Die Kinder wollen die Wolken, die aus dem Topf aufsteigen, mit ihren Händen berühren. Vorsicht, versucht es nur ganz hoch oben! Die Tropfen an den Händen wachsen. Ein paar Regentropfen fallen von den Fingerspitzen.

Jetzt halte ich eine Schüssel mit Eiswürfeln über den Dampf. Die Luftschicht unter der Schüssel ist kalt, an der Unterseite sammeln sich Wassertropfen. Sie fallen herunter. Ich muss die Schüssel ganz hoch halten, denn alle Kinder wollen im Regen stehen.

Stell dir vor, du willst Gewitter zubereiten, einen großen Gewitterkuchen! Die Zutaten sind nicht Mehl, Zucker, Milch und Eier, sondern Wasser, Luft und Staub. Die Mischschüssel ist unsere Erde. Sie ist rund WIE eine nach außen gestülpte Schüssel, aber die Zutaten bleiben trotzdem kleben – die Erdanziehungskraft hält sie beim Mischen fest. Und unser Backofen ist die Sonne.

Nun kommt ein riesiger »Quirl«, das Drehen der Erde, es mischt einen tollen Wind dazu. Die Sonne hat die Luft erhitzt, sie steigt sehr, sehr schnell. Die Wasserteilchen stoßen so kräftig aneinander, dass eine Spannung, Elektrizität, entsteht.

Wir blasen einen Luftballon auf, der unter einem Buch liegt: Unsere Luft kann das Buch heben. So kräftig sind auch die dunklen Gewitterwolken, die sich am Himmel bei großer Hitze bilden. Wenn die Spannung zwischen der Erde und den schweren, heißen, mit viel Staub beladenen Wolken zu groß wird, wenn die Wasser- und Schmutzteilchen eng aneinander kleben, dann blitzt es! Wir machen es nach und reiben die aufgeblasenen Luftballons aneinander. Wenn wir die dunklen Vorhänge zuziehen, sind die Funken besser zu sehen. Rouven will in meiner Nähe bleiben, er hat Angst.

Blitze sind Elektrizität, die von Wolke zu Wolke und von der Wolke zur Erde springt.

Weil der Blitz den kürzesten Weg zur Erde nimmt, fährt er in Dinge hinein, die über andere Gegenstände hinausragen: in Bäume, hohe Häuser oder sogar in Menschen, die auf einem kahlen Feld ohne Schutz stehen. Deshalb brauchen wir Blitzableiter auf unseren Häusern und sollten uns auch nicht unter Bäume stellen, wenn ein Gewitter tobt.

Zuckt der Blitz zur Erde, reißt er die Luft auseinander. Wenn die Luft wieder »zurückschlägt«, gibt es einen Knall. Den machen wir jetzt mit unseren aufgeblasenen Tüten nach; es knallt und knallt. Bei jedem Knall wird Rouvens Angst vor dem Donner kleiner. Wir spielen, dass wir bei einem Gewitter Blätter am Baum oder Tiere sind, die Schutz suchen. Wir riechen das Gewitter, ja, auch den Blitz. Das ist möglich, weil beim Gewitter Gase entstehen, die stark riechen. Hinterher atmen wir draußen die frische Luft ein. Wir wollen spazieren gehen! Die Vögel feiern ein Fest, so laut singen sie; die Pflanzen kann man fast hören beim Schlürfen des guten Regens. »Ich habe keine Angst mehr«, sagt Rouven.

WAS, WO, WIE ist der Wind?

Wir brauchen:

- kleine Windmaschine, Pappschild
- 3 Pappbecher, 1 Pappteller
- Stroh, Papier für Fächer
- Tafel, Schwamm, Haartrockner
- Bilder vom Wind
- Plastiktüten, Schnur

Mit einer kleinen Windmaschine oder einem Haartrockner kann sich jeder den Wind ins Gesicht pusten lassen. WAS ist Wind, WIE fühlt ihr ihn, WO seid ihr ihm schon begegnet? Wind ist, wenn sich die Bäume biegen... wenn die Wolken rasen... wenn es kalt ist und zieht. Der Wind hat Kraft ... er trägt meinen Drachen ... er reißt mir fast die Haare aus ... bei Wind rennt die Luft!

Ja, genau so ist es, der Wind bläst, weil die warme Luft in den Himmel steigt und kalte Luft in das Luftloch strömt.

Wind macht Widerstand: Wenn du dir ein Pappschild quer vor den Bauch hältst, kannst du nicht so schnell rennen, als wenn du es längs hältst, denn dann schneidet es die Luft und der Widerstand ist kleiner.

Wir messen den Wind und montieren Pappbecher auf dem Rücken eines Papptellers, so dass der Wind sich in ihnen fangen kann, nageln den Teller auf einen Stock und stecken ihn in die Wiese. WIE dreht sich unser Rad bei starkem Wind, langsamer oder schneller? Wir bauen »Windmaschinen«, falten Papier zu Fächern, bewegen die Fächer zur gleichen Zeit und machen unseren eigenen Sturm.

I'M ONE OF THE
QUARLES BUNCH
Warum?
fliegt der
so langsam?

?
!!
Weil die Luft ihn aufhält!
?
ONE OF THE
Fallschirm

Hat der Wind die Lampe angezündet?

Wir brauchen:
- Rad von einem alten Fahrrad
- Dynamo und Lampe
- Draht
- Kistenbretter
- bunten Stoff
- eine Stange
- Papier

Früher gab es Windmühlen, die Steine bewegt und Körner zu Mehl gemahlen haben. Heute wird Energie aus den Schätzen der Erde, aus Kohle, Erdöl und Erdgas, gewonnen, aber diese Schätze werden immer weniger. Wir müssen die Kraft des Windes nutzen. Es gibt schon viele Techniker und Erfinder, die das tun.

Wir bauen aus alten Fahrradteilen, Kistenbrettern und bunten Stoffen unsere Windmaschine; die Kleineren basteln ein Windrad aus Papier. Und wirklich, als gestern der Wind so doll blies, leuchtete unsere Fahrradlampe, die wir mit einem Draht und einem Dynamo angeschlossen hatten. Hat der Wind die Lampe angezündet?

Die Kraft des Windes hat es getan.

Warum kann WIND LICHT machen?

Zum Schluss

Ich kann gar nicht genug betonen, wie wichtig es ist, auch die Eltern an dem zu beteiligen, was ihre Kinder lernen. Alle vierzehn Tage werden die Eltern für zwei Stunden zu ihren Kindern in unser Klassenzimmer geladen, um gemeinsam spielen und forschen zu können, aber auch um ihre Kinder zu entdecken. Ich kann den Umgang zwischen Eltern und Kindern beobachten, die Eltern eher dazu bewegen, ihr Kind als selbständiges Wesen zu betrachten und zu behandeln. Manche Eltern möchten unbewusst nicht, dass ihre Kinder selbständig werden. Dies äußert sich zum Beispiel darin, wenn sie ihrem Kind häufig beim Suchen nach Lösungswegen und Antworten zuvorkommen, oft, ehe das Kind überhaupt die Möglichkeit hat, seine Fragen formulieren zu können. Dem Kind wird regelrecht die Möglichkeit genommen, selbständig entdecken und erforschen zu dürfen. Oft sehe ich in den Verhaltensweisen der Eltern den Drang, ihrem Kind die richtige Antwort erklären zu wollen, ihnen aufklärend beizubringen, warum nun wirklich ein Ball nach unten fällt, wenn man ihn fallen lässt usw. Ich möchte die Eltern dazu bewegen, das spielerische Entdecken und die umschreibenden, wenn auch nicht wissenschaftlich akkuraten, Antworten der Kinder als geniale Kreativität zu erkennen, die, wenn man sie zulässt, dazu führen kann, dass Kinder Selbstbewusstsein im Umgang mit sich selbst und ihrer Umwelt erfahren können. Das Zulassen von selbstformulierten Antworten, wenn auch nicht 100%ig »richtig«, erlaubt das Spielen mit gegebenen Umständen und das Hinterfragen der Realität. Gleichzeitig fordert es eine Kreativität heraus, die energisch und schöpferisch ist.

Die Eltern sollen auch das Spielen mit ihren Kindern neu lernen. Es scheint, dass die Naturwissenschaften diesen älteren Generationen niemals spielerisch beigebracht wurden, und dass in diesen Bereichen besondere Hemmungen zu Tage kommen. Diese akademischen Bereiche wurden und werden noch viel zu oft »beigebracht«, erklärt und erzählt, und so gut wie nie durfte man mal etwas selbst ausprobieren, bis man natürlich die höheren Klassen erreicht und sozusagen unter Beweis gestellt hatte, dass man sich »korrekt« verhalten kann. Die Eltern sollen bei uns im Klassenzimmer genauso erforschen, wie ein Hebel funktioniert, wie es die Kinder tun, und ihrer Faszination freien Lauf lassen, solange sie berücksichtigen, dass ihre Kinder auch entdecken möchten, und ihnen nicht zuvorkommen, sie um ihr »Aha-Erlebnis« bringen. Als Eltern und Kinder gemeinsam im Klassenzimmer ein kleines Auto »gebaut« haben, war dies ein unglaublicher Lernerfolg. Viele Eltern wussten gar nicht, wie man Räder an einer Achse befestigen kann, und gemeinsam hat man die Möglichkeiten erforscht und Verschiedenes ausprobiert. Es fielen die alten Schulbarrieren wie die Dominosteine, und alle waren fasziniert und vereinnahmt durch ihr Projekt.

An Abenden wie diesen erfahre ich die Nähe und Zärtlichkeit zwischen Eltern und Kindern, ich bereite Spiele und gemeinsame Aktivitäten vor, durch die Eltern und Kinder nahen Kontakt erfahren. Jeder, besonders ein Kind, sehnt sich nach Zärtlichkeit und Liebe. Wenn Kinder mit ihren Eltern gemeinsam auf einer Wippe das Gleichgewicht

suchen, wächst durch die körperliche Nähe und das sich gegenseitige körperliche Stützen und Helfen die Zärtlichkeit zwischen ihnen. Erfahrungen, die mit positiven emotionalen Gefühlen und Erlebnissen verknüpft sind, bleiben tief in uns verankert und ein Leben lang bei uns, als Erlerntes aber auch als wundervolle Erinnerung. Nicht das Vorsagen einer richtigen Antwort oder das Auswendiglernen sind die besten Lehrer, sondern die gemeinsame Erfahrung und Entdeckung, durch die unser Wissen aber auch unser Umgang miteinander geschult werden. Dies zeigt die Reaktion der Kinder und der Eltern auf unseren »Unterricht«. Die Kinder brennen immer darauf, endlich ihren Eltern zeigen zu können, was sie seit dem letzten Besuch erfunden und gebaut haben, und die Eltern kommen auch wirklich in unser Klassenzimmer, zu Hauf, und lassen schnell ihre Hemmungen beiseite, stürzen sich begeistert auf die bereitgestellten Materialien und Spiele.

Nancy Hoenisch im November 2001

Wissensgesellschaft – so beschreiben aktuelle Forschungsbefunde unsere Gesellschaft eine Gesellschaft, die vom Wissen lebt. Von der Bildung und Erziehung der heranwachsenden Generation wird es abhängen, ob die Kinder von heute den Ansprüchen, Herausforderungen und Belastungen der Welt von morgen gewachsen sein werden.

Tageseinrichtungen für Kinder spielen eine große Rolle für Mädchen und Jungen, für ihren Alltag, ihr Spielen und Lernen. Besonders die Tagesstätten, die mit sozialintegrativem Ansatz arbeiten und Bildung, Erziehung und Betreuung als Einheit verstehen, werden immer wichtiger. Dabei ist die Qualität ihrer Angebote eng mit der Qualifikation der dort arbeitenden Fachkräfte verknüpft. Das traditionelle Bild vom lernenden belehrten Kind, dem die Erwachsenen etwas »beibringen«, hat sich durch entwicklungs- und kinderpsychologische Forschungen gewandelt. Lernen wird heute als sozialer Prozess verstanden, als ein Prozess, den das Kind von Anfang an aktiv mit konstruiert. Dieses Verständnis vom Lernen in einem Prozess der Ko-Konstruktion wird in Zukunft eine wesentliche Grundlage für Bildungspläne sein. Dabei muss die Förderung der Kinder ihren individuellen Voraussetzungen entsprechen. Es ist eine Binsenweisheit, nach der sich die traditionelle Pädagogik aber oft genug nicht gerichtet hat: Gleichaltrige Kinder haben unterschiedliche Anlagen, entwickeln sich unterschiedlich schnell und haben verschiedene Bedürfnisse und Fähigkeiten. Vor pädagogischen Fachkräften steht deshalb nicht nur die Aufgabe, das Umfeld zu gestalten, in dem jedes Kind herausgefordert wird, eigenständige Lösungen auf seine Fragen zu finden. Erzieherinnen und Erzieher stellen auch den Grundstock an geeigneten Materialien zusammen (und erweitern ihn im Laufe des Tuns gemeinsam mit den Kindern), sie bieten den organisatorischen Rahmen (Raum und Zeit), in dem die Kinder agieren können, und werden **gemeinsam** mit ihnen tätig. Erzieherinnen und Erzieher beobachten, was die Kinder interessiert, nach welchen Gegenständen sie greifen, welche sie näher untersuchen oder selbst herstellen möchten. Die Fragen der Kinder (Warum? Was? Welches? Wer? Wie?) geben den pädagogischen Fachkräften Aufschluss über das gegenwärtige Forscherinteresse der

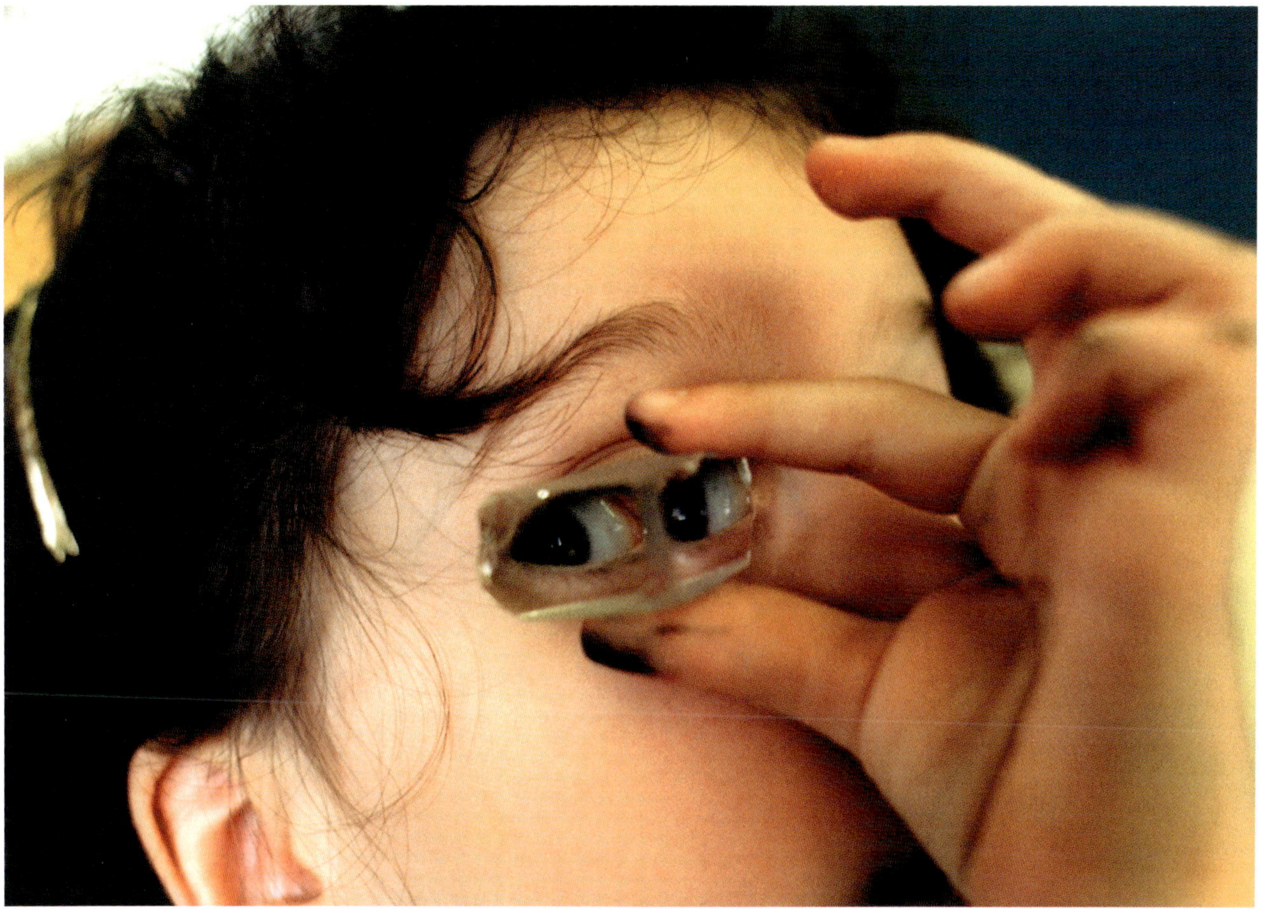

Mädchen und Jungen. Die Erwachsenen helfen dem entdeckenden Kind einfühlsam weiter, geben Anregungen zum Umgang mit Werkzeugen oder holen Unterstützung von Außen und beziehen die Eltern in die Forschungsprojekte der Kinder ein.

Diese pädagogische Haltung und die vorbereitete Umgebung ermutigen Kinder in ihrem natürlichen Wollen, als leidenschaftliche Forscher tätig zu werden. Von Geburt an sind schon die Kleinsten von einer unbändigen Neugier auf das Leben erfüllt, auf alle seine Bereiche, auch – wie im vorliegenden Buch gezeigt – für Phänomene der Natur und Technik. Im kreativen, spielerischen Tun mit Erscheinungen und Dingen aus unserer Umwelt entdeckt jedes Kind die Welt – und zugleich seine persönlichen Fähigkeiten und Stärken. Über das Entdecken kommt es zum Verstehen von Zusammenhängen und den eigenen Möglichkeiten, der eigenen Rolle, die einerseits auf die Zusammenhänge einwirkt und andererseits von ihnen abhängig ist. Jede selbst oder im Team gelöste Aufgabe macht Kindern Lust auf mehr – mehr Ausprobieren, mehr Experimente, mehr Versuche –, fördert und erhält den Spaß am Erfinden.

Pädagogische Fachkräfte – ob in der Krippe, im Kindergarten, im Hort oder in der Grundschule – sollten sich ihrer Bedeutung als Mitgestalter dieser aufregenden Lernprozesse bewusst werden. Wie das konkret geschehen kann, dazu gibt das Buch von Nancy Hoenisch und Elisabeth Niggemeyer anregende Beispiele.

Prof. Dr. Dr. Dr. Wassilios E. Fthenakis im November 2001